タニア・ド・モンテーニュ 著

堀 茂樹 訳

「黒人」は存在しない。

アイデンティティの釘付けについて

中央公論新社

目次

「黒人」は存在しない。

アイデンティティの釘付けについて

黒人女性

——クローデット・コルヴィンの知られざる人生

互いの肌を剥がしあわないうちは、
俺たちは平等じゃないのだ。

――ハイナー・ミュラー『指令――ある革命への追憶』
〔谷川道子訳、論創社、二〇〇六年、二〇頁〕

まず肩の力を抜いて、リラックスしましょう。オーケー？　では息を深く吸って、吐いて、わたしの声を、わたしの声だけを聴いてください。はい、できました。さあ、これで、あなたは肌の色の黒い人になりました。今のあなたは、一九五〇年代のアメリカ、南部アラバマ州の黒人です。

慣れ親しんだ土地を離れ、小川を、大河を、大海を渡り、そよ風を感じてください。ニューヨークの上空を、自由の女神像やエンパイア・ステート・ビルディングの上空を飛び、海岸沿いに、南へ向かいましょう。空気が暖かくなってきましたね。バージニア州、ノースカロライナ州、サウスカロライナ州。そしていよいよ、ここは「コットンベルト」です。

この地域「コットンベルト」では、十八世紀以来、大量の綿花が生産されてきました。綿花といえば、奴隷たちです。綿花産業は、賃金の支払われない労働で成り立っていました。現代では、そんなことはあり得ませんよね。それはさておき、もっと先へ進んでいきましょう。

今あなたが目にしているのはジョージア州、あのマーティン・ルーサー・キング牧師（一九二九〜六八〕が生まれた州です。もしかするとあなたはジョージア州の州歌「我が心のジョージア」を口ずさんでいるかもしれない。もしそうなら、きっとあなたの中で、レイ・チャールズ〔ジョージア州出身の歌手、一九三〇〜二〇〇四〕の声が谺《こだま》していることでしょう。奇妙なパラドックスですね。伝説によれば、この歌手は黒人の入場を禁じているホールで歌うことを拒否し、そのために一生、ジョージア州から追放されていたというのですから——。

"Just an old sweet song keeps Georgia on my mind..."〔「我が心のジョージア」の歌詞〕。

次に、あなたは進む方向を変えます。海岸を離れ、内陸に入り、西へ一直線に車を走らせると、アラバマ州の州都モンゴメリーに着きます。ここでは、コットンベルトのすべての地域と同じように、人びとが歴史の手綱をきつく引き、その進行を止めようとしています。もちろん、アメリカを引き裂いた南北戦争は過去のことです。奴隷制もすでに廃止されていますす。第二次世界大戦も終結しました。第二次世界大戦の折には、何百万人もの若い黒人のアメリカ人たちが戦うためヨーロッパへ遠征し、それまでは要求できると思ってもいなかった、人間的価値やさまざまな権利が自分たちにあることを知ったのでした。それだけの経験を経てもなお、ジム・クロウは存在し続けていました。

ジム・クロウって、いったい何者?

実在の人間ではありません。想像上の人物で、十九世紀初め頃の歌に出てくるキャラクターです。その歌は、ラジオが主流になる以前、映画が主流になる以前、人びとが気晴らしのために劇場に行っていた時代、旅芸人たちが町から町へと渡り歩いていた時代の作品です。「ジャンプ・ジム・クロウ」というタイトルのこの歌を作り、有名にしたのは、白人のコメディアン、トーマス・ダートマス・ライス〔アメリカの役者、一八〇八〜六〇〕でした。このコメディアンが、自分の芝居の中心人物をアメリカ南部の黒人にするという、うまいことを思いついたのでした。

ジム・クロウを演じるにはどうすればいいかって？　まず、顔を黒く塗らなければなりません。次に、口のまわりに大きな赤い丸を描きます。喜びを表したいときは上向きに、ちょっと困った様子を示す場合は、下向きに描くのです。この赤い丸は重要です。これが観客の視覚に働きかけ、黒人とサルの間に大きな違いはないという印象を維持します。そう、口紅は重要なのです。

ほかに何が必要かって？　むろん、敏捷《びんしょう》性です。体を激しく動かす役柄ですからね。トーマス・ダートマス・ライスが顔を黒く塗って演じた人物——愛称ダディー・ジム・クロウ——は黒人で、飛び跳ね、歌い、踊りました。なぜなら彼は陽気なやつだったからです。だってほら、黒人って、みんなそうでしょ？　それに、上手に笑いを取るセンスも必要で、モノマネの才能が要るのです。なぜならジム・クロウは、怠け者のバカな黒人で、強い訛《なま》りのある英語をダラダラと話すからです。だってほら、黒人って、みんなそうでしょ？

わたしの子供時代を思い出すと、そこには靴墨で黒く塗った顔も、赤く塗った口もなく、ジム・クロウも存在していません。そこはアメリカではなくてフランス、一九八〇年代のフランスだからです。でもそこには、売れっ子で、しかも特に女性に人気のある白人の喜劇役者がいて、お決まりのネタで「アフリカ人」のモノマネをしていました。「アフリカ人」に名前はなく、どの国出身なのかも明言されていませんでした。必要なかったからです。だから、単純に「アフリカ人」でした。もちろん、わたしが思うに、この喜劇役者は「ヨーロッパ人」をモノマネの対象にしようなどとは一度も考えなかったはずです。第一、そんなことを彼に提案したら、彼は笑ってこう言ったでしょう。「バカげたことを言いなさんな。ヨーロッパは大陸で、国ではない。たとえばノルウェー人はポルトガル人とは似ても似つかない」と。けれども、アフリカの場合は話が別で、アフリカは一概にアフリカとまとめておけばそれでオーケーと思われていました。人びとは何の疑いもなく、アフリカでは、あらゆる点で見分けのつかない住民たちが寄り集まって暮らしていると思っていました。なぜなら、彼らは黒人なのだからと――。黒人たちは密集した画一的な集団で、アフリカ大陸の端から端まで同じ言語を話し、同じ歴史を持ち、同じ土地に住む、同じ顔をした者たちだと思われていたのです。一九三一年のパリ植民地博覧会〔アフリカの住民をまるで動物園の動物のように展示していたことで知られる〕を思い出させるその幻想のアフリカには、もちろん、滑稽なまでに訛りの強い、そして鼻の穴が巨大な人びとが住んでいるのでした。

一九八〇年代の思い出をたぐると、一九三〇年代のイメージが付随して出てきます。映画や、歴史の本や、ポスターでこれ見よがしにアップにされた、鉤鼻《かぎばな》の「ユダヤ人」の画像です。「ユダヤ人」にせよ、「アフリカ人」にせよ、彼らの鼻は、彼らの気持ちに逆らって物を言います。鼻は奇怪さを表し、市民権の付与が不可能であることの印なのでした。

一九八〇年代に通用していた「アフリカ人」なるものに扮《ふん》して、例の見栄えのよい喜劇役者が放っていた台詞を、わたしは今でも激しい恐怖とともに憶えています。「これはおれの眼鏡じゃないよ。鼻の穴だ！」なんとまあ、よく考えついたものです。人びとはこの冗談に笑いこけ、笑わない者たちはユーモアのセンスがないと責められ、それと同時に、喜劇役者は明白な事実を誇張しているにすぎないのだから、それで憤慨するのは現実を現実として受け止めないに等しいということが仄《ほの》めかされていました。「まあまあ、目くじら立てなくても、笑えるんだからいいじゃないか」と。

夏休みに林間学校に行ったときのことです。雨上がりのある日、友だちだと思っていたある男の子が、わたしの鼻をまじまじと見つめ始めました。初めは何げない感じで、それからはしつこく。十歳の子供の注意のすべてが注がれているのを感じ、自分の鼻が次第に大きくなっていく気がしました。彼の視線は、あの喜劇役者が間違っているのか、それとも正しいのかを、つまり、わたしの鼻の穴が眼鏡の代わりになっているのかどうかを確認しようとしていました。長くて、不穏な数分が経過する。同時に、十歳のわたしの鼻が広がり、やがてわたしの顔を、顔の次に身体を、さらには空間全体を覆いつくしていきました。わたしはあの鼻になっていました。あの黒人になっていました。すべての黒人に成り代わっていました。

恥ずかしいという気持ちがこみ上げてきました。その気持ちはこみ上げるべきところにこみ上げてきたのではなく、矛先《ほこさき》もあの男には向かっていませんでした。まるで真珠を糸でつないでいくかのようにレイシズム的なお決まりのイメージを連ね、それをユーモアだと言い張っていたあの喜劇役者についての感情ではありませんでした。そうではなくて、わたし自身を恥ずかしいと思う感情がこみ上げてきていたのです。見るからに調和のとれていない、大きすぎで、広がりすぎのこの鼻に関する恥辱、また、一目見ただけで滑稽だ、愚劣だと思えるこの肌の色に関する恥辱でした。

「これはおれの眼鏡じゃないよ。鼻の穴だ！」と、腕を右に左に揺らしながら言っていた例の「アフリカ人」は、大きなサルの姿のまま進化していないかのようでした。わたしの子供時代は、アメリカのアラバマ州からも、一九五〇年代からも遠く離れていて、黒人はジム・クロウと呼ばれていなかったけれども、きまって木の上から下りてくる存在でした。今日でもなお、黒人にバナナをからめるステレオタイプの雨あられが、黒人の上に、あるいは黒人に近い世界中のアスリートや政治家の上に投下され続けています。人びとの想像の世界が、どれほどまでこの発想に囚われているかが分かるというものです。

「ジャンプ・ジム・クロウ」というあの歌の影響力は絶大！

アメリカでは、十九世紀にすでに「黒人＝サル」のステレオタイプが大当たりしていました。ジム・クロウという滑稽な架空の人物を演じてみせた結果、トーマス・ダートマス・ライスは金持ちになり、全米で有名になっただけでなく、ライバルを生み出し、ひとつの演芸ジャンルを作り出したのです。彼のあとに続き、黒人を演じる白人の役者たちの一群が舞台に起用されるようになりました。そういう演目なら満員御礼が確実だったからです。おまけに黒人の役者たちまでもがそれに加わり、さまざまな芝居でセルフパロディをおこないました。彼らは、みんなが想像するような、陽気でバカな怠け者としてふるまったのでした。

踊れ、ジム・クロウ！

名詞が印象的であると、それはしばしば形容詞にもなります。あっという間に、ジム・クロウは虚構から現実へ、演芸から政治へとステージを変え、総称的な単語に変化しました。一八七〇年代末以降――黒人が名目上、奴隷の身分から解放されたのは六〇年代のことでした――この単語は、黒人を二流市民の身分にとどめるためのすべての法律を指すようになりました。「ジム・クロウ」と呼ばれたさまざまな法律は、人種隔離の用語を詳しく、かつ細かく定義していました。

それらの法律が飛躍的に発展したのは一八九六年からです。この年のある日、最高裁判所の判決で次のことが明示されました。人びとを「人種」で区別しても、その区別が「人種」間の序列を前提としていなければ、合衆国憲法の修正第十四条――すべての市民が法によって等しく保護されることを宣言している条文――に違反しないというのです。その日以来、コットンベルトの諸州はさまざまな法律で「分離すれども平等」の原則を推奨するようになりました。白人の支配的地位を何が何でも維持することを目的に、白人とそれ以外の者との間に、相互の行き来を防ぐ仕切りが立てられたのです。白人以外というのは、黒人はもちろんのこと、中国人、メキシコ人、アメリカ先住民、マレー人、ヒンドゥー教徒、モンゴル人、混血の人などです。分離されているけれども平等だという、この上っ面《うわつら》の合法性は人種差別に寄与します。病院、交通機関、学校、レストラン、劇場、墓地、図書館、公園、エスカレーター、トイレ、電話ボックス、教科書などすべてが、絶対的にすべてが、白人と白人以外の者が同じ場所、あるいは同じ物を分かち合うような状況に導かれることがけっしてないよう周到に規定されました。かくして、揺りかごから墓場までの分離が、生まれてから死ぬまでの不平等が確立したのです。

もし具体的な状況の中で、一方は白人に、もう一方は白人以外の者にというふうに二カ所を別々に割り当てることが物理的に無理であったら、その場合にはどうするかって？　その場合には、公共空間（バス、電車、裁判所、病院、映画館など）自体を明確に二分し、内側からも外側からも、入口と二つのスペースの見分けがつくようにしなければなりません。たとえば、ルイジアナ州の州法は、白人の子供も黒人の子供も受け入れている盲学校が肌の色に関係なく子供たちを同席させようとするケースをも警戒していました。驚くべきことにここでもまた、二つの入口と別々の教室を用意することが取り決められていて、違反すれば罰金と禁固刑に処されるのでした。そこが盲学校だということを思うと、さまざまな意味の皮肉を感じずにはいられません……。

まさか、と思いますか？　では、よく知られた数枚の写真に注目しましょう。それぞれ一九三〇年代、四〇年代、五〇年代にアメリカ南部のどこかで撮られた写真です。一枚目は、コカ・コーラの自動販売機を大写しにしています。コイン投入口の横に“White customers only”「白人のお客さま専用」との掲示があります。二枚目の写真を見ると、駅に間もなく列車が到着するらしく、白いスーツ姿の黒人男性がプラットホームで待機しています。彼の頭上の看板には“Colored waiting room”「有色人向け待合室」との掲示。三枚目の写真に写っている二つの洗面台は、同じ給水管につながってはいるものの、数十センチ離れています。右の洗面台は縁《ふち》が丸く、左の大きな長方形の洗面台と比べると小型で簡素です。まるで子供用のようなその洗面台に身をかがめ、男性が——被っている帽子の上部しか写っていません——水を飲んでいます。その頭上に、“colored”という単語の最後の四文字が確認できます。O、R、E、D、この四文字だけで二つの世界ができてしまう。「カラード」、この言葉はすごい発明です。

フランスではかつて、「有色の人びと」という表現が用いられていました。当時はわたしもその一人だと言われていました。黒人という呼び方よりずっと丁重な表現だとみんなから言われていたし、わたしも実際にそうだと信じていました。「ええ、そのとおりね。『黒人』というと人種差別的なのに対して、『有色の人びと』というなら……」と思っていたのです。要するに、不躾《ぶしつけ》でないように何色であるかをはっきり言わないのです。白に関しては、そのほかの色と同じでないということだけ分かっていました。白人は明らかに別の存在であり、メートル原器〔メートルの長さを示すため作られた物差し〕のようなもので、平衡点で、そこを中心に残りの人類が編成されていました。「カラード」、この言葉ですべてが分類できるのでした。秩序づけられるのでした。白黒写真のように単純なステレオタイプ。

いうまでもないことですが、ジム・クロウ法は公共空間を支配するだけでなく、個人の私生活も規定していました。たとえば、白人と「黒人の血を少なくとも八分の一」引いている者の結婚は違法と見なされ、罰金と禁固刑の対象となっていました。それだけではありません。「異人種間の結婚」に好意的な文書や「人種の平等」を奨励する文書を印刷したり、回覧したりする者は全員、ただちに起訴され、六カ月以内の禁固刑を宣告されるのでした。アラバマ州のある町では、子供向けの本までもが禁書になっていました。その本に出てくる白ウサギと黒ウサギが、同じウサギ小屋で過ごしているのがいけないというのでした。

奴隷制はすでに廃止されていたのですが、実際には状況を何ひとつ変えないために必要な措置がとられていました。合法性の建前の下に、恣意性をまかり通らせ、極度の恐怖による支配を実行するための要素がすべて揃《そろ》っていました。その中では、「白い」肌の判事と原告が「真っ白」になり、「黒い」肌の被告が絵に描いたような犯人に仕立て上げられるのでした。まともな法の支配を確立するには、不服の申し立てが可能でなければなりません。しかし、黒人は誰に不服を申し立てればいいのでしょう？　白人に申し立てるしかないのです。平等がないのだから合法性もありません。合法性がないのだから平等もありません。踊れ、ジム・クロウ！

今から、あなたは黒人です

では、みなさん、最初に息を深く吸い、次に息を吐いて、あなたのセルヴィトゥール〔奉仕者、ガイド〕の指示に従ってください。「セルヴィトゥール」という単語に戸惑いますか？　たしかに「セルヴィトゥール」という単語には女性形がありません。もしわたしが、「あなたのセルヴァント〔女中、メイド〕の指示に従ってください」と言ったらどうでしょう？　その場合は、意味が違ってきます。その「セルヴァント」の肌の色が黒い場合は特に、まったく違った意味になります。そして事実、あなたのセルヴィトゥールであるわたしの肌の色は黒いのです。

さて、「セルヴァント」、つまりメイドが黒人の場合、みなさんの頭に浮かぶのはきっと、肉付きがよくて、丸々としたお尻を持ち、「r」の音を口の中でもぐもぐと発音する昔の女性たちのイメージです。たとえば、映画『風と共に去りぬ』で聞いた、「スカーレットお嬢さま、スカーレットお嬢さま」というあの呼びかけ方です。一般に黒人のメイドたちは豊満な胸の持ち主で、目をきょろきょろさせ、素行の悪さを噂《うわさ》される男レット・バトラーが主人の屋敷に来るのに反対します。肌の色があまりに黒いせいで身につけている頭巾とエプロンの白さが浮いてしまい、肌の色がほとんど青く見えるメイドたちは、分厚くて不器用な手で、薄くて高価なクリスタルガラスの水差しを持ちます。北軍がやって来ると、自ら命の危険を冒して闘い、スカーレット・オハラや、彼女と同様に明るい陶器のような肌の色を持つ女性たちが大農園を引き続き支配していけるようにします。黒人のメイドは、その存在によってさまざまな物事を明らかにするのです。ひとは彼女のあり方を通して、既成秩序が当然のものであることを、また、現にある状態が必然のものであることを感じ取ります。彼女の存在は、白人が標準だということの証しなのです。メイドの肌の色が黒い場合——現に、あなたのセルヴィトゥールであるわたしの肌の色は黒い——、想像がひとりでに働き、奴隷たちの足首で鳴る鎖の音が遠くから聞こえてくる。その一方、お屋敷の客間には晩餐《ばんさん》が運ばれ、大農園に沈む太陽に人びとは眺め入る……。

それはさておき、続けましょう。あなたのセルヴィトゥールの指示に、わたしの指示に従ってください。なぜなら想像上、あなたはいまや黒人なのですから。黒人であるということは、ふつうに思われているのとは違い、肌の色の問題ではありません。視線の問題、感じ方の問題なのです。その問題は、最初は外部から、他者の側から近寄って来て、その後は染み込み、ひそかに進行する洪水のように鎧《よろい》に穴をあけ、浸食して鎧をボロボロにします。かつて、わたしが黒人でなかった時代もありました。衝突が起こる前、幼稚園の前の頃です。三歳に満たないただの女の子だった時代もあったのです。当時、色はわたしを定義するものではなく、ほかのさまざまな要素のうちの一つでした。わたしは色彩の取り除かれた、独立した区画で生きていました。ほかの物事がわたしを定義づけていたのですが、あいにくそれらが何だったのか憶えていません。それらはあまりにも脆《もろ》く、思い出ごと吹き飛ばされてしまいました。色というものの到来に耐えきれなかったのです。すべてを消し去り、すべてに新たな意味を与えた、突然の、乱暴な到来に——。

あれは女の子だったか、それとも男の子だったか。もう憶えていないのですが、誰かがわたしを見て、「うわ、あの子は黒人だ。あの子は汚い」と言いました。この言葉には、わたしはまだ応じることができました。自分が汚くないと確信していたし、わたし以外の人びとにそう証言してもらうこともできたからです。こんなのは筋の通らない発言だし、いずれ解決するものだから、気にしたところで何になるだろう、と思えたのです。家では、「耳を貸さなくていいのよ。その子たちは自分が何を言っているのかも分かっていないのだから」と言われていました。また、「ビーチではあの人たち、ひたすら黒くなろうとしているじゃないの」とも。こちらの発言は論理的です。わたしたちは皆、色見本のようなものの上に配置されていて、ある人たちは濃い色、別の人たちは淡い色、また、ある人たちは背が高く、別の人たちは太っていたり、金髪だったり、褐色の髪だったりします。これは時間と空間を通して表れる、さまざまな軌道にすぎません。けれども、それはまだほんの始まりだったのです。その後、ハンマーの音がひっきりなしに響き、わたしは自分の属性に釘付けされていきました。その後、自分が自分自身から絶え間なく分離され、余所《よそ》へと、物事が明白で単純な、都合のよい場所へと投じられていく感覚が芽生えました。やがて気がついてみれば、わたしは黒人になっていました。

黒人であるということは、半透明で形がくっきりと見えないゾーンにいるということです。一分ごとに、一時間ごとに、他者にとって自分が必ずしも人間ではなく、かといって動物でもないことが分かります。そうではなくて、別の何か、定義できない厄介な何か、つまりは自由回答形式の質問みたいなもので、存在自体が問題なのです。黒人であるということは、矛盾した命令に応えること、あり得ない他者性であるということです。

Q：ここの言語は話せますか？

A：はい。

Q：足の先から頭のてっぺんまで形作るひとつの文化の中で生まれましたか？

A：はい。

Q：でも、この国はあなたの国ではないですよね。なのに、どうして？

A：どうしてと言われても、特に理由はありません。

あなたは輪郭の定めにくい、流動的な、そこにいるとも、いないとも言えない存在です。一日一日が、あなたの思う自己を再構成し、また、解体します。あなたはミッシング・リンク〔失われた環《わ》。生物の進化においてその存在を予測されるにもかかわらず、未発見ゆえに生じている間隙〕のような存在です。幾世紀もの間、拉致《らち》や、虐待や、レイプや、殺人や、拷問を正当化するために、あなたにもうひとつのアイデンティティが与えられてきました。そのアイデンティティのあなたは奴隷で、ニグロで、ほかから切り離された種類の、いくらでもこき使える存在でした。人びとはあなたの歯を見て、白いかどうか、歯並びが整っているかどうかをチェックしました。ほかの部位に関しても同じでした。乳房は張りがあるか、それとも垂れているか？　脚は筋肉質か、それとも虚弱か？　いまやそういったことは、終わりにすべきです。自分の身体を細部までじろじろ観察すること、自分をひとつの物体のように見なすこと、もう一人のあなたがまるで他人のようにそこにいると考えることをやめなければなりません。けれども、奴隷制が肌に、視線に、そして無意識に粘着しています。今ではあなたは黒人で、そうである以上、外在性があなたの内在性と化しています。あなたはひとつの領土に似て、内でも外でも戦争が続き、絶え間なく分割され続けているのです。

さて、ここであなたは黒人、一九五〇年代のアラバマ州の黒人です。したがって、あなたの両親は黒人です。あるいは、黒人なのはあなたの祖父母だけ、あるいは曽祖父母だけ、あるいは高祖父母だけかもしれません。一九三五年にドイツで制定され、ユダヤ人から公民権を剝奪したニュルンベルク法から、ナチス・ドイツに協力したヴィシー政権下のフランスで一九四〇年に定められたユダヤ人迫害法にいたるまで、また、かつて南アフリカでアパルトヘイト〔人種隔離〕を支えていたバントゥー自治促進法から、ルワンダのキガリにおける大量虐殺〔一九九四年にフツ族とツチ族の民族対立によって発生〕を生んだ法令にいたるまで、人種差別の法律は毎度ミリ単位の精確さをもって、混血の人に関してどの程度の混血ならもはや人間ではないと見なせるかを計量化しようとしてきました。一九五〇年代のアラバマ州では、血のすべてが、あるいは血の半分が、あるいは血の四分の一が、あるいは血の八分の一が白人以外のものであった場合、法的に黒人であり、有色であり、ニグロなのでした。つまり、こういうことです。あなたはアラバマ州モンゴメリーの黒人で、ホルト通りとジェフ・デイヴィス大通りの角で、あるいはパーク大通りとクローバーデール・ロードの角で、あるいはまた、クローバーデール・ロードとノーマン・ブリッジ・ロードの角でバスを待っています。

バスが来たら、乗車し、料金を払い、それからいったんバスを降ります。外を歩き、車体の後方から再乗車します。なぜなら、黒人のあなたがバスの中央の通路を通り、白人たちと接触するなんてことは論外だからです。黒人は後部座席に、白人は前の方の席に座ります。それが当然のこととされていたのです。

さて、料金を支払ったあと、バスから外に出たあなたは後部のドアから乗ることができるかもしれないし、できないかもしれません。それは運転手が決めることです。運転手は完全な支配権を有しています。それに、武器を所持しています。彼はいつでも好きなときにバスを発車させることができます。あなたがまだ乗っていなくても、しかも料金を支払い済みであっても、関係ありません。そのせいで、あなたの腕か脚が持っていかれるかもしれません。あなたは倒れ、二度と起き上がれないかもしれません。こんなのは不公平だと思うでしょう？　でも、誰に文句が言えるでしょうか。ご自分が黒人だということをお忘れなく。つまり、黒人であるあなたは知っているのです。支払った料金分の乗車権を有効化するだけのために、警察署に出向いて白人警官たちに不平を申し立てる必要があるが、そんな必要を満たそうものなら、いちばんマシなケースでも罵詈《ばり》雑言《ぞうごん》を浴びせられ、最悪のケースでは監獄にぶちこまれてくすぶった日々を送ることになると——。なにしろ、どんなときでも、あなたの言葉は白人運転手のそれより軽く見積もられるのですから。また、最悪中の最悪の場合には、森の中で頭に弾丸を撃ち込まれるか、木に吊るされて人生を終えることになります。なにしろ、あなたの人生は何の価値もないもの、あるいは大して重要でないものなのですから。"Black bodies swinging in the southern breeze, Strange fruit hanging from the poplar trees"「黒い体が南部の風に揺れる、ポプラの木に吊るされた奇妙な果実」〔アメリカのレイシズムを告発する歌「奇妙な果実」の一節〕。

おや、どうやらあなたはまだ、今の自分の肌の色がつくる条件にじゅうぶん慣れていないようですね。今なお自分のことを完全な市民だと思って、自分の投票で物事を変えていけると考えていますね。なるほど、投票箱にはそれなりの力がありますよね。ただし、選挙人名簿に登録されるには読み書きの能力や、憲法を理解する能力を測る「リテラシー・テスト」に合格しなければなりません。そしてこのテストを受けるには、申し込みが必要です。いつ申し込めばいいのかって？　日も時刻も決まっていないので、自分で適切な日時を見つけなければなりません。とはいえ、申し込みを受け付ける役所の窓口が開いているのは、しばしば午前十時から正午までです。つまり、あなたがどこかで勤務している時間帯です。あなたはやる気に満ちているから、きっと有給休暇を利用して窓口の列に並びに行くでしょう。その際も、良い位置に並ばないといけません。なぜなら、もし偶然にも正午より前に受け付けてもらえなかった場合、役所の門は閉まり、申し込み受理のために職員が労力を割いてくれることはないので、あなたは振出しに戻ることになる。それでも少し辛抱して、最終的にはあなたは適切な日の適切な時刻に窓口にたどり着くに違いありません。そうでしょう？　そうしてあなたはテストを受け、二十、三十、四十、五十、あるいは六十問もの問題に正しく答えるでしょう。おめでとうございます！　そして郵送されてくるはずの結果を待つことになるでしょう。白人だったら直接手渡されるのだけれど、あなたの場合は郵便を待たなければなりません。だから、待つしかないのです。ほどなくして、何も受け取っていないあなたが状況把握のために役所の窓口をふたたび訪ねると、あなたはテストを一度も受けていないと言われます。当然あなたは反論し、本当に受験したことを命にかけて誓う。しかしその一方で、選挙事務所の職員たちの陰険な否定を前にして、どんな受験の証拠も示せないことに気づくでしょう。するとあなたの言葉と彼らの言葉のどちらが本当かということになってしまう。これではあなたは、そこまでの行程をすべてやり直すか、さもなければ諦めるしかない。諦めたとしても無理はないでしょう。

かのローザ・パークス〔アメリカの公民権運動活動家、一九一三〜二〇〇五〕が自伝でこう語っています。名簿への登録を試みた三度目の受験の際、彼女は念のために自分の全回答を別の用紙に写し取り、この証拠を示すことで再三の失望を避けようとしたと。それだけのことをしたのは、争いになった場合に、自分には訴訟を起こす術《すべ》がないことをじゅうぶん承知していたからでした。実際、当時のモンゴメリーには、黒人の弁護士が一人もいなかったのです。

よろしい、ことがうまく運んだと想定しましょう。あなたの粘り強さが報われ、あと少しで有権者登録証の所持者になるところまで来ました。あと少しです。白人のあらゆる選挙人と同様に、年間一ドル五十セントの税金を払うだけです。けれども巧妙なことに、対象者が黒人の場合、この課税は過去にまで遡《さかのぼ》ります。法定の成人年齢、二十一歳から起算し、実際に名簿に登録した時点の年齢まで遡って課税されます。これはつまり、登録しようとしても登録を拒否されたであろう年の分まですべての税金を納めなければならないということです。登録したときの年齢が三十二歳だとすると、十六ドル五十セント、ちょうど一週間分の賃金に相当する額がかかります。ということで、あなたは自分の家族を養うか、選挙人名簿に登録するかの選択を迫られるのです。

クローデット・コルヴィン

いまやあなたは、一九五〇年代のアラバマ州の黒人として生き、考え、呼吸し始めています。そうである以上、あなたは知っています。自分の空間が制限されていること、何ひとつ確実には得られていないこと、どんなことでも一から推し量り、見当をつけなければならないこと、そして、どこからでもパンチが飛んでくる可能性があることを。ルールが分かってきたとはいえ、油断は禁物です。ルールには明記されたものと、暗黙のものがあります。たとえば、モンゴメリーのバスの座席は全部で三十六席。前の方の十席は白人専用なので、当然、黒人が座るのはその後ろの座席です。ここまでのところ、分離されてはいるものの平等ですね。けれども前の方の列に空席がなくなり、やむなく立ったままの白人がいる場合、一つ後ろの列にいる黒人は自分の席をその白人に譲らなければなりません。逆に、白人たちの専用席がすべて空いていても、奥の席がいっぱいのとき、白人たちのエリアに黒人が座ることはいっさい許されていません。もちろん、そうなのです。分離されていて、しかも平等ではないのです。分かりますよね？ 大丈夫そうですね。さて、黒人たちの席に座っていた黒人の一人が、白人に席を譲るために立ちました。けれども、白人が黒人の隣に座ることは法的に許されないので、今度は席を空けた黒人と同じ列に座っていた黒人たち全員が立つほかありません。ひと言でいえば、一人の白人が座るために四人の黒人が立つのです。どうですか、話についてきてくれていますよね？ というのも、ここの理解が大切なのです。なぜなら、これが、黒人になったあなたの人生だから、あなたの日常だからです。異常事態ではなく、驚くべきことでもないのです。バスに乗るたびに、このメリーゴーランドが、もしくは運転手の指揮する椅子取りゲームが繰り返されます。わたしが座り、あなたが立ち、彼が立ち、わたしが座り、わたしたちが立ち、彼女が座る。立つ、座る、座る、立つ……。この動きを、クローデット・コルヴィンは幼い頃から体験していました。

彼女はアラバマ州のバーミンガムに生まれ、八歳からはモンゴメリーで最も貧しい地区の一つ、キング・ヒルで暮らしていました。この地区は町はずれの丘の上に位置し、黒人たちの住んでいる三つの通りで構成され、二つの白人地区に挟まれています。キング・ヒルにあるのは簡素な家々と、ジュークジョイントという、人びとが明け方まで演奏し、踊り、酒を飲み、タバコを吸う仮小屋だけです。荒れてはいないものの、評判の悪い地区です。キング・ヒルには商店がないので、買い物は白人地区でしなければなりません。白人たちは黒人から金銭を受け取るにもかかわらず、彼らをお客としては扱いません。そしてそれが当然のこととされています。

クローデットは、買い物に行っても店の中には入れないことを知っています。店に着くと、入口で買い物リストを提示し、外で待機するのです。食品を含め何を買いに来ても、このルールに従わなければなりません。そのため、奮発して靴を一足購入するには、自分の足の形を描いた紙切れを持参しなければなりません。それを店員に差し出し、店の外から買いたいと思う靴を示し、代金を支払うのです。どんな事情があっても、靴の試し履きはできません。それは禁止されているし、そもそも考えられない行為なのです。なぜなら試し履きによって、一方では黒人と白人が同じ場所で交わったことが推測され、他方では、この理由のほうがより深刻なのですが、黒人がいったん靴を試したあとでやはり買いたくないという気持ちになった場合、その靴は使い物にならなくなってしまうからです。ほかの黒人が買おうとするなら話は別ですが、白人は誰ひとりとして、黒人が一度履いた靴を買おうとはしないのです。眼鏡に関しても、同じ原理です。眼科医のもとへ行くのは一日の終わりでなければなりません。なぜなら、たまたま黒人のあなたが最初に受診してしまったら、白人の患者はもはや誰ひとりとして、あなたが座った椅子に座ろうとしないからです。クローデットは、こういったありとあらゆるバカげたことを知っていて、さらには、人が死んだ場合でもそれが終わらないことを知っています。カントリー音楽の歌手、ハンク・ウィリアムズ〔一九二三～五三〕のファンで、彼のスパンコールの衣装やカウボーイハットが好きで、彼のさまざまな歌を聴き、歌声に酔いしれ、曲を完璧に覚えていても、ハンク・ウィリアムズが死んだとき、あなたは葬儀への参列を禁じられます。なぜなら彼が白人なのに対して、あなたはそうではないので、あなたが墓地に来ることは喜ばれないのです。あたかも、あなたの流す涙にまで色がついているかのように。

クローデット・コルヴィンは一九三九年に生まれました。彼女は生粋のアラバマ州人で、ジム・クロウ的なものにどっぷり浸かりながら育ちました。ずっと前から、物事の序列は白人が上、黒人が下と心得ています。差別のなかで生きていくには慎重でなくてはならないし、恭《うやうや》しさも必要だと分かっています。頭を下げ、視線を下げていなければならないのです。白人は黒人に絶対に相手に正面から向かい合ったり、言い返したりしてはならないのです。白人は黒人に話しかけるとき、その黒人が大人であっても、「ミスター」とも「ミセス」とも言いません。「娘よ」「息子よ」と呼びかけたり、ファーストネームで呼びつけたりします。それが標準とされているのです。黒人であることは、永遠に子供と見なされることに等しいわけです。

立つ、座る、座る、立つ、クローデットは来る日も来る日も、大人たちが無言でメリーゴーランドの一部になっているのを見てきました。また、彼らがいったんバスの外に出れば、不満を漏らすのを聞いてきました。その愚痴は、激しい雷雨や不治の病のような不可抗力に対する呻《うめ》き、たとえ理不尽でもそういうものなのだから仕方がない、といったたぐいのことに対する不満に似ていました。

クローデットは優等生で、ほかの子より先を行っていて、敬虔《けいけん》なキリスト教徒でもあります。コルヴィン一家は教会のミサを欠かしません。もっとも、クローデットはしばしば教会で、まるで黒人が呪われた存在であるかのようなことが言われている点に疑問を持っていました。黒人の信者ばかりが集う教会で、こともあろうにジム・クロウ的なものが勝ち誇っていたのです。そこでは、神さまの思《おぼ》し召しにより、白人たちが上なのだと教えられます。信者たちは迷信や畏怖のなかに閉じ込められます。そこに根を下ろしているのは、白人と黒人は本質的に異なる二つの世界に属しているという考えです。そのせいで、白人たちの泉と黒人たちの泉で湧く水は別物だと思い込む者たちまでいます。黒人の子供たちの夢の一つに、いつの日かもう一方の泉の水を飲めるようになり、そしてついには白人になって目を覚ます、というのがあります。かのマイルス・デイヴィス〔ジャズトランペット奏者。一九二六～九一〕が「願いを三つ挙げるとしたら、何ですか」という質問にたった一言、「白人になることだ！」[1] と答えたように。

白人、それは大嫌いな存在でありながら、自分がそうなりたいと願っている存在でもあり、自由の約束のように見える他者でした。黒人にあっては、自然の制約があまりにしっかりと内面化されているので、黒人でありながら人気を得るいちばんの方法は、肌の色ができるだけ明るくて、髪ができるだけまっすぐであることだと思えるのでした。わたしたちは髪を撫《な》で付け、熱を与え、もっといえば「アイロンがけ」している。クローデットは毎朝、自分の肌がいつものように真っ黒で、髪がいつもと変わらずカールしているのを確認します。クローデット・コルヴィンは人気者ではないけれど、人に好かれたくて、自分をまずい方向へ引っ張っていくその頭髪と毎日全力で格闘します。毎週、彼女は髪をストレートにする施術を受けるのに二ドル払います。二ドルは大金です。彼女の母親が一日に稼ぐ金額が三ドルなのですから。小学校時代の写真に、十二歳の彼女が写っています。にっこり笑っていて、まだ子供らしい丸顔で、丸い眼鏡をかけ、すきっ歯で、ヘアカーラー要らずの髪です。この黒人の少女は、白人女性を真似する黒人女性を真似しています。当時は目線をどこに向けても、すべての黒人女性が白人のハリウッド女優たちのようにふんわりした髪を見せつけ、クリームや、カーラーや、ブラシ型ヘアアイロンの力で毛束を服従させていました。クローデット

1 Pannonica de Koenigswarter, *Les Musiciens de jazz et leurs trois vœux*, Paris, Buchet-Chastel, 2006, p. 224.

にとっては、当然といえば当然のことでした。なぜなら、彼女のファーストネームは女優のクローデット・コルベール〔一九〇三〜九六〕に由来していたからです。クローデット・コルベールは一九三〇年代および四〇年代のスターで、肌の色が雪のように白く、映画監督のフランク・キャプラ〔一八九七〜一九九一〕や、エルンスト・ルビッチ〔一八九二〜一九四七〕や、ビリー・ワイルダー〔一九〇六〜二〇〇二〕が手がけたさまざまな作品のヒロインです。セシル・B・デミル監督〔一八八一〜一九五九〕の『クレオパトラ』で主演した彼女の姿は忘れがたいものでした。

クローデットには、彼女が知っているすべての女性と同じく、自分への嫌悪感が根づいていました。この粘着質な随伴物は、現在もなお、世界中の黒人の女性や少女について回っています。これのせいで変に誘導され、女性たちは縮毛矯正剤の瓶や、肌の色を明るくするクリームのチューブのために自分の魂を売ってしまうのです。商品の使用によって髪を失う可能性があることや、肌に何の効果も表れないことを知っても、状況は何も変わりません。そういうものはすべて、初めから織り込み済みのリスクなのであり、間接的な手段による呪いの継続なのです。

いちばん嫌いな相手を攻撃するときのような力で自分の髪を引っ張ったことがない人、自分のけっして十分にほっそりしていない鼻や、けっして十分に薄くない唇を呪ったことがない人、自分を罰しようとしたことがない人は名乗り出てほしい——。自分の目で見た自分を美しく思わなかったり、自分を空っぽに感じたり、グサッと突き刺されたさまざまなイメージを通して自分を見つめたりするのは、わたしたちの宿命です。これまで何もうまくいっていなかったし、今も何もうまくいっていない。実をいえば、ブラック・イズ・ノット・ビューティフル。世界中の雑誌に黒人美女たちの姿が掲載されていますが、今でも彼女たちの肌の色は明るく、髪は現実からかけ離れたブローでスタイリングしてあります。世界中で黒人美女たちがその非現実的な髪をスローモーションで揺らしています。黒人が誰ひとりとして使っていないシャンプーのコマーシャルで、ほとんどカールしていない髪を揺らしているのです。黒人美女は現実には存在しません。その姿はいわば陰画のように、わたしたちにないもの、すなわち、明るい色の肌とまっすぐの髪を浮かび上がらせています。

これがクローデット・コルヴィンの人生であり、この本の著者であるわたしの人生であり、また、わたしがブラザヴィル〔コンゴ共和国の首都〕のバスでたまたま見かけるコンゴ人の小さな女の子の人生でもあるのです。たとえばその女の子は、髪にエクステをつけていて、大きすぎのかつらを被っているように見えます。アメリカでも、ヨーロッパでも、アフリカでも、乗り越えなければならない何かが、発明しなければならない何かがあります。当面、わたしたちは髪のカールをまっすぐにし、焦がし、白くし、溶かし、流れ作業で生産された人工毛を、あるいは、発展途上国の女性たちが雀の涙のような金額で譲った髪を一握りのユーロで購入し、がむしゃらなまでに、世にいう普遍的な美という規範に合わせようとしています。

その席を譲りなさい！

立つ、座る、座る、立つ。クローデット・コルヴィンは席を空けなければならないときは必ず立ち、座れるときは必ず座った。一九五五年三月二日水曜日、まだ十五歳の若い娘クローデットは授業のあとバス停に向かい、黒人生徒用の歩道を歩いた。その歩道は、白人の子供たちの使う歩道の向かい側にある。十カ月前の一九五四年五月には、アメリカ合衆国最高裁判所が学校での人種隔離を違法とする判断を下していた。それでもアラバマ州では、以前と変わらぬ日々が続いていたのだ。白人生徒と黒人生徒はこれまでどおり、それぞれの歩道に分かれて混じり合わず、互いを冷ややかな目つきで眺めていた。

クローデット・コルヴィンはクラスメート数人とバスに乗り、乗車券を提示し、黒人用スペースの三列目に座った。彼女は窓際の席に着いた。その時点で白人の乗客は一人もいず、前の方の十列分の座席は空席だった。そのおかげでクローデットたちは中央の通路を通り、わざわざいったんバスから降りることなしに後ろの方の黒人席まで行くことができた。その後、バスは町の中心街の近くに到着した。すると、さまざまな店の白人従業員たちが押し寄せ、前の方の席があっという間に埋まっていった。

ぼんやりと夢想に浸っていたクローデットがふと我に返ると、目の前に白人の女性が立っていた。その女性は黙ったまま、クローデットをじっと見つめている。そのときクローデットが席を空けなかったのは、もしかするとその沈黙のせいだったかもしれない。つまり、その女性が向けてくる命令の眼差しのせいで、自分には当然の権利があり、それをあえて示す必要もないと言わんばかりの態度のせいで、クローデットは受動的抵抗を示したのかもしれない。風で埃《ほこり》が舞い上がるように、彼女の心に怒りが湧き上がったのかもしれない。その怒りの背景にはおそらく、クローデットが学校で受けた授業のうちの一つがあった。憲法や、権利や、自由について語るその授業に刺激され、彼女は将来弁護士かアメリカの大統領になろうとすら考えていたのだ。怒りの背景として、もうひとつ別のことも推測できる。クローデットの近所に住むクラスメートの十六歳の少年、ジェレマイア・リーヴスに関する思い出だ。彼はある一人の白人女性を、それからさらに六人の女性をレイプしたと責められ、死刑宣告を受けた。何の証拠もなかった。ただ単に彼が黒人で、ただ単に女性たちが白人だからにすぎなかった。何が人の行動を条件づけるか言い当てるのは難しいけれども、きっとそれは過去と「今ここ」との混合である。

そういうわけで、クローデットは微動だにしない。

白人の女性が立っていて、黒人のティーンエイジャーが座っている。さあ、事態はどう展開するでしょうか。賭けてごらんなさい。……はい、そこまで。バスの運転手、ロバート・W・クリアが秩序を回復すべく、「その席を空けろ！」と言い、バックミラー越しにクローデットを睨みつけた。するとたちまち、若い娘と同じ列に座っていた三人の乗客が、いつもどおり立ち上がり、席を空ける。けれども、クローデットはそうしない。運転手が「なぜおまえはまだ座っているんだ？」と追及する。白人乗客の一人が加勢し、「立ちなさい！」と言う。今ではバスの中の誰もが、これから対決が起こると察しています。けれども、どんな対決になるかはまだ不明です。罵り合いか、殴り合いか、はたまたその両方か。運転手は武器を取り出すでしょうか。いや、明らかに違うようだ。彼は声を荒らげてひたすら繰り返す。「その席を譲れ！　立て！」と。クローデットは依然として応答しない。座ったままだ。黒人たちと白人たちが彼女に注ぐ、それぞれの理由による非難めいた視線にもかかわらず、彼女は席を譲らない。

すると白人たちは腹を立て、秩序が回復し、違反者が投獄されることを望む。とはいえ、これはわたしの想像ですが、彼らの中にはこの状況がちょっと行き過ぎだと、結局はただの小娘じゃないかと思った人たちもいたことでしょう。黒人の側では、多くの人たち、諦め切っている人たちが、彼女の態度をしょせん無駄なこと、子供っぽいことと判断したに違いありません。その黒人たちが彼女に理解させたかったのは、そんなことをしても目的地に着くのが意味もなく遅れるばかりだし、その上、目立たないでいることで日々を安全に過ごしている自分たちの姿を可視化してしまうということでした。彼らにとっては、依然として、波風を立てないことこそが事態を切り抜ける最良の方法なのでした。

わたしもその感情に覚えがあります。よーく知っています。その感情は二つの要素の混合、すなわち、「幸福に生きるには、隠れて生きるべし」〔十八世紀の文人フロリアン著『寓話詩』の中の名高い箴言《しんげん》〕という言葉と、個人である他者をひとつの集団として捉えるレイシズムのメカニズムの完璧な内面化、この二つの混合です。一人の黒人が悪いことをしたら、黒人全員がその代償を支払わされるのです。誰か一人がしくじったら、全員が後ろ指をさされるのです。誰か一人がルール違反のことを言うか、ルール違反をすると、次のように言われかねません。「あなたたち黒人は、こうだ、ああだ」「あなたたちユダヤ人は、こうする、ああする」「あなたたちイスラム教徒は、これが好きだ、あれが嫌いだ」などと。そして、わたしたち自身もついにはそう信じるようになってしまうのです。そう思うようになってしまうのです。そうなると、そんな偏見がわたしたち自身のものとなり、ある日ふと気づきます。何らかの事件が起こったとき、自分たちが黒人ならばその事件に黒人が関係している場合に、自分たちがイスラム教徒ならばイスラム教徒が関係している場合に、自分たちがユダヤ人ならばユダヤ人が関係している場合に、「われわれにとって厄介な事態ね」と口にしていることに気づくのです。

この「われわれ」とは、いったい誰のことでしょうか。実はその点がまったく分かっていないにもかかわらず、今ではわたしたちは「われわれ」なるものを考慮しなくてはと思っています。「われわれ」を申し分のない存在、非の打ち所のない存在としてしか思い浮かべなくなります。さあこれで、わたしたちはレイシズムの考え方を自分の中に組み込みました。この考え方は、わたしたちの視線を曲面レンズの眼鏡のように歪めます。自分自身と闘わなければ、この傾向に従うことになります。「われわれ」なるものに呑み込まれることになります。ここで「われわれ」とは、より具体的には「われわれにとって良い」という原則であり、人の目に留まりはしないかという心配であり、自分の内面に入り込んで活動するあの「憲兵」ないしは「妖怪」に対する恐怖であり、自分の個別性を失って集団のメンバーとしての最小公分母に帰着していくプロセスです。

「その席を譲れ！　立て！」――周囲のすべてが自分に立てと要求しているのに座ったままでいるのがどんな感じか知りたければ、メンフィス〔米国テネシー州の都市〕の国立公民権博物館に行き、展示されているバスに乗ってください。黄色と緑に塗られたそのバスはモンゴメリーから直接持ち込まれたもので、クローデット・コルヴィンが乗車したバスの正確なコピーです。座席に着き、待機してください。

収録されている音声が流れてきます。容赦のない、冷酷で非情な怒鳴り声が聞こえます。命令し、要求する声です。「立て」「その席を譲れ！」命令が連呼されるにつれて体中が緊張するのを感じ、今にも跳び上がりそうになり、もう終わりにしたいという思いに呑まれ、するとたちまち、抵抗して何になるのかという考えが湧いてきます。こうして服従の力を、すなわち自分を慰めてくれる力を実感します。そのバスに乗るとき、想像してください。十五歳の女の子が座席にしっかりと体をうずめ、そこから離れまいと心に決めています。彼女は、大人たちの執拗《しつよう》な眼差しに逆らい、「われわれにとって厄介だ」という言葉に逆らい、ジム・クロウ的な空気に逆らい、その行動をとったのです。

運転手の説得はすでにお手上げで、事態はより上のレベルの判断を必要としていた。運転手は次のバス停で降車し、車でパトロールしていた二名の警官を呼び止めた。警官がバスに乗り込み、クローデット・コルヴィンに席を空けるよう求めた。彼女は拒否し、料金を払ってバスに乗っている以上、目的地までは座っている権利があると主張した。二人の警官が両側から彼女の腕を摑《つか》み、無理やりバスから降ろそうとする。彼女は抵抗こそしなかったが、自分にはいくつかの権利があると改めて口にした。警官たちによってブロック肉さながら、汚《よご》れた衣類のかたまりさながらに摑まれたまま、彼女は彼らに合法性について語りかけ、自分があくまで人間であることを主張し続けた。彼らのほうは何も語りかけない。彼女は存在していないも同然なのだ。バスの中は沈黙が支配している。沈黙しているのは怯《おび》えた黒人、ひと悶着《もんちゃく》が収まるのでほっとしている黒人、迷惑顔の白人、秩序が回復するので満足している白人……。沈黙の支配。バスの外に出るや否や、警官たちは若い娘に手錠をはめ、警察車両の後部座席に押し込んだ。

さて、みなさん、わたしの声に耳を傾け、さらに先へと進んでください。いまやあなたは、いちばん暗い隅っこに行き、想像できる限りいちばん奥まった場所を、どこよりも遠い場所を歩いています。なぜなら今のあなたは黒人女性《ノワール》だからです。これは黒い《ノワール》という単なる形容詞ではありません。並んでいる列のいちばん後ろ、究極的に抑圧されている者を意味します。あなたは女性ですね、つまりは男性より下の存在です。あなたは黒人ですね、つまりは下の下なのです。黒人女性（黒人＋女性）よりも下と見なされる存在なんてあるでしょうか？この問いには誰も答えてくれません。

どこか知らないところへ向かっている車の中で、警官たちがクローデット・コルヴィンを侮辱する。言わずもがな、彼らはクローデットをおまえ呼ばわりする。言わずもがな、「汚いニグロ」と口にする。「汚らわしい黒人売女《ばいた》」とも言う。なぜならクローデット・コルヴィンは女性であり、女性に最悪の事態を望むときの定番の言葉がこの罵りだからだ。必ずこういうパターンになる。性的なことを持ち出して遠慮のかけらもなしに非難を浴びせ、侮辱するのである。身持ちが悪く、モラルがないとなれば、もはや何も尊重する必要がないというので、「汚らわしい黒人売女が！」などと罵るのだ。黒人売女よりも下と見なされる存在なんてあるでしょうか？　そんなこと、クローデット・コルヴィンは知りはしません。彼女は黙って祈るばかりです。ほかの人たちの話で聞き知った数々の仕打ちを、自分が受けることになりませんようにと。彼女の今の状況、つまり、独りぼっちで警察車両に乗せられているという状況は、アラバマ州の黒人女性の経験し得るものとして最悪だ。彼女はガートルード・パーキンスという二十五歳の若い女性の話を知っている。この女性はモンゴメリーの警官二名に武器で脅され、レイプされ、道端に捨て去られた。ガートルード・パーキンスは勇気をもって告訴した。彼女は役人たちに脅迫され、当局には加害者たちの氏名開示を拒否されたけれども、めげなかった。ガートルード・パーキンスの訴訟は、白人男性たちで構成された陪審団によって処理済み案件と見なされた。彼らは彼女が襲われたことの証拠を不十分と判断し、裁判の間ずっと、彼女の倫理観を疑問視した。彼女を汚らわしい黒人売女と見なしたのだ。貞節な女性でなければ強姦しても罪にはならないなどという説、陪審団はこれを主張した。事件は証拠不十分として片づけられたのだった。

警察車両で運ばれていく今、クローデット・コルヴィンは次のことを知っている。白人をレイプした黒人が死刑を宣告されることはあっても、白人が黒人をレイプした場合、それがどんな白人であろうと罰金を科せられるだけだ。その白人犯罪者はきっと、裁判所から立ち去る際、恐縮した陪審団から時間を取らせてしまい申し訳ないという詫《わ》びの言葉を受けるだろう。クローデット・コルヴィンは、エラ・リー・ジョーンズという女子学生がバスで席を空けなかったために逮捕された話も聞いたことがある。彼女が席を空けなかった理由は体調不良だった。けれども理由など考慮されずに彼女は逮捕され、警察署に到着すると建物の裏に連れていかれ、二人の警官によって、気絶するまでめった打ちにされた。意識を取り戻したときにも、医師の診察を受ける許可が得られなかった。そして翌日、彼女は血で汚れた服と腫れた顔で出頭してきたというのに、二十八ドルの罰金を言い渡された。その決定の理由はいっさい彼女に伝えられなかった。

だから、二人の警官が自分のブラジャーのサイズに関する冗談を言っている間に、クローデット・コルヴィンは最悪の事態を覚悟した。もちろんレイプされるだろう、もしかすると殺されるかもしれない。たとえ死は免れても、きっと感化院へ送られる。クローデットは早くも、成人するまで綿花の収穫作業を強要された気分でいた。六年の強制労働、つまりは奴隷制に舞い戻る境遇。これはおそらく彼女にとってきわめて悲しい将来展望だっただろう。なにしろ彼女は、弁護士になって、差別主義の法律を厳しく批判しようと夢見ていたのだから。

三人の女性と一台のバス

クローデット・コルヴィンは車の中で孤立していると感じていたが、町では彼女のことが話題になっていた。事件発生の場面に居合わせた数人のクラスメートがクローデットの母親に事の次第を知らせると、母親はすぐさまそれをふだんからコルヴィン家が世話になっているバプテスト派〔キリスト教プロテスタントの一教派〕教会の牧師に伝えた。クローデット逮捕のニュースが広がった。これが重大な事件であることを知っている女性が二人いた。ローザ・パークスとジョー・アン・ギブソン・ロビンソン〔一九一二～九二〕だ。二人には、クローデットと同じ屈辱的な状況に置かれた経験と、そのとき抵抗しなかった経験があった。二人ともそれぞれに、運転手の罵詈雑言や脅しの言葉を浴びながらバスを降りたことがあった。ほかの多数の黒人乗客と同様に、バス会社の従業員たちの過剰な「頑張り」のせいで被害を受けたのだった。しかし二人とも、そうした出来事のあと、モンゴメリーの活動家としての人生を歩み、闘うことを選択したのだった。

ローザ・パークスが決定的な経験をしたのは一九四三年だった。そのときの口論の争点は、彼女がバスに乗り込むのに後方乗車口ではなく、前方乗車口を使ったことだった。それにはちゃんと理由があった。バスの真ん中より後ろは人でいっぱいだったのだ。しかし、こういった事情を考慮することは大した重要性を持たない。まるでフランツ・カフカの小説のような世界では、もはや常識は通用しない。まともな常識は消え失せ、杓子定規《しゃくしじょうぎ》の原理原則に取って代わられる。彼女が乗車すると、運転手は後ろへ回るよう要求した。彼女は、無理ですと答え、後方でひしめき合っている人びとを指で示した。運転手はそれでも要求し続けた。彼女は、すでに中にいる以上、いちばん簡単なのはこのまま歩いて奥に合流することだと言い返した。運転手は彼女の服の袖あたりを掴み、「おれのバスから出ていけ！」と叫んだ。「おれのバスから出ていけ！」――。彼は「おれのバス」と言った。「おれの」という言葉によって、まるで泥棒にするのと同じように、この女性の服の袖を掴んでいいことになる。この「おれの」の名において、男は手を振り上げ、女を今にも平手打ちにせんばかりだ。「あの人、バスを降りて外を回ればよかったのにね」と幾人かの乗客が囁《ささや》く。「どうして外を回らないのかな？」と訝《いぶか》る。

これが一九四三年の冬の出来事だった。当時三十歳のローザ・パークスは、そのときは結局バスを降りたけれども、自分自身に誓った。この男、ジェームズ・F・ブレイクの運転するバスには二度と乗らないと。十二年間、この誓いは守られた。そして一九五五年の冬のある日、ローザ・パークスは運転手の顔をわざわざ確認することなくバスに乗った。これが三百八十一日間続くことになったボイコット運動の始まりであり、この女性が有名になったきっかけだ。やがて彼女は公民権運動の母と呼ばれるようになり、彼女が他界した二〇〇五年十月二十四日には、国中で半旗が掲げられた。

しかし、今はまだ一九五五年ではなく、一九四三年なので、ローザ・パークスはまだロ、ザ、・パ、ー、クスになっていない。彼女は運転手から侮辱の言葉を吐かれながら、抵抗せずにバスを降りた。数日後、彼女はＮＡＡＣＰの書記を引き受けた。ＮＡＡＣＰ（全米有色人種地位向上協会）、すなわち National Association for the Advancement of Colored People は、一九〇九年にニューヨークで創設された多民族・多宗教の団体で、差別や私刑《リンチ》に対する抗議を目的としていた。当時の主要な活動は、法の領域で不平等を阻止しようとすることだった。具体的には、弁護士を紹介し、各種の運動を起こし、討論集会や、募金や、デモ参加のキャンペーンを企画して、選挙人名簿への黒人の登録を支援していた。

一九四〇年代には、NAACPはアラバマ州でまだ取るに足らない勢力で、支部もたった三つしかなかった。そのうちの一つをモンゴメリーに創設し、率いたのがエドガー・ダニエル・ニクソン〔一八九九〜一九八七〕だ。この人物はカリスマ性を具《そな》えていて、プルマン社の寝台車部門で働く黒人従業員の組合の地方支部リーダーでもあった。いわゆる独学の人であった彼は生粋のアラバマ州人で、十九世紀末に生まれ、プルマン社の寝台車のポーターになったことで、二十五歳にして自分の中の活動家魂を見出した。プルマン社のポーターとして働くのは、黒人にとって非常に恵まれた境遇だった。車両を洗い、白人旅行者たちの荷物を運び、枕を用意し、靴を磨き、食事を出し、そして片づけるわけだけれども、多くのチップや固定給をもらえるし、アメリカを横断できる。E・D・ニクソンはアラバマ州だけが世界ではないことを自分の目で見て知り、黒人と白人の関係が必ずしもジム・クロウ的なものに限られるわけではないことを発見した。ニューヨークでは、NAACPのリーダーたちのスピーチを聴いた。彼らは白人、黒人、ユダヤ人、カトリック教徒、プロテスタント教徒とさまざまだったが、みんなで「古き良き」アメリカ社会の人種差別主義的土台を揺り動かそうとしていた。

こうした発見を経て、一九三〇年代にE・D・ニクソンは自分の町にNAACPの支部を創設しようと決心した。十年後、モンゴメリー市とその周辺で彼を知らぬ人はほとんどいなくなっていた。その一帯では、黒人が何か厄介ごとに見舞われたらE・D・ニクソンに連絡するというのが普通になっていた。持ち前の説得力と、広範なネットワーク作りにより、彼は町の中で、庶民からすっかり頼られるだけでなく、黒人のリーダー層や、白人のインフルエンサーたちからも、申し分のない信頼を得たのだった。

とはいえ、アラバマ州はアラバマ州であることに変わりなく、ほかの州の支部が人種混合・多民族的であっても、モンゴメリー市のNAACPに集まるのは主に黒人男性たちで、加入している白人たちに南部出身者はほとんどいなかった。南部出身者がこの団体に加入しようものなら、ただちに南部の仲間たちから排斥されてしまっただろう。それにE・D・ニクソン自身、彼の時代の男、十九世紀のアメリカ南部に生まれた男にとどまっていた。そのため、モンゴメリー支部に女性はたった二人しかいなかった。しかも、彼女たちがそこにいることを許されたのは、タイプライターを使えたからにすぎなかった。E・D・ニクソンはしばしばこう言っていた。「女の人は台所にいさえすればいいんだ[2]」。

ローザ・パークスは、一九四三年よりずっと前からNAACPを知っていた。彼女の夫が十年以上前から協会の現役メンバーだったからだ。夫のレイモンド・パークスは進歩主義者だった（妻が勉強を続けるのをつねに励ました）が、ローザが協会の活動に身を投じることを望まなかった。彼からしてみれば、女性には危険すぎる活動だった。その点、書記のポストはちょうどよかった。ローザはボランティアながら、全力で働いた。彼女は事務の日常業務に加え、地域内で起こる対黒人の差別や暴力のすべてのケースを記録簿に残す業務を任されていた。以前からジム・クロウ的なものの影響について断片的には知っていた彼女が、今度は差別システムの中心にまで分け入って、その不公正、その暴力、そしてその不合理さを直視することになった。NAACPモンゴメリー支部のメンバーたちが何かしらの活動を開始するにあたって、その適切さや的確性を見積もったのは、ローザ・パークスの報告書に基づいてだった。

控えめで目立たないお針子が一九五五年十二月のある日、突然歴史上の人物になったという伝説に反して、ローザ・パークスは実際には、五五年十二月の事件以前からすでに活動家だった。運動への関与の度合いも年々高まっていた。アラバマ州の外で開かれる討論会に参加し、北部の州から来た女性たち――彼女たちの間では白人も黒人も平等だった――と出会い、書記の職務に加え、協会の青年セクションのアドバイザーという役目も担った。学生た

2 Rosa Parks with Jim Haskins, *Rosa Parks: My Story*, New York, Puffin Books, 1992, p. 82.（『ローザ・パークス自伝』高橋朋子訳、潮出版社、一九九九年、九四頁）

ちと頻繁に連絡を取るうちに、彼女はモンゴメリーの若い活動家たちの誰もが知る存在になった。ローザ・パークスはジム・クロウ的なものには一歩も譲らず闘い続けるべきだと確信していたので、クローデット・コルヴィン逮捕のニュースに注目し、いちじるしい関心を寄せた。この事件が皆を動かす導火線になり得ると思ったのだ。その点で、ローザ・パークスは、ジョー・アン・ギブソン・ロビンソンにとてもよく似ている。

ジョー・アン・ギブソン・ロビンソンのケースでは、決定的な年は一九四三年ではなく、一九四九年だった。三十代のとき、ジョー・アン・ギブソン・ロビンソンは空港に向かうためにモンゴメリーのがらんとしたバスに乗り、運悪くも、ふだん白人専用とされている五列目の席に座ってしまった。アラバマ州立大学の英語教員に任命されたばかりだった彼女は、オハイオ州のクリーブランドに住む家族に会いに行こうとしていた。クリスマスが間近に迫っていたのだ。その日まで、ジョー・アンはモンゴメリーの公共交通機関の慣習を知らなかった。町の中の移動にはいつも車を使っていたからだ。ひとりの知られざる黒人女性がモンゴメリーのバスに乗ったこと、それは見えざる起爆剤だった。この起爆剤が一九五五年には数年間にわたる大ストライキを引き起こしたのである。

ジョー・アン・ギブソン・ロビンソンという名前に、あなたは聞き覚えがないでしょう。この名前を探せば、ローザ・パークスの自伝の一〇九頁〔前掲の邦訳では一二四頁〕に見つかるはずです。クローデット・コルヴィンはというと、一一一頁〔前掲の邦訳では一二五頁〕に登場します。二百ページ近くにおよぶ本文のうち、この二人に割かれているのはわずか三ページばかりです。これが、歴史の中で目立たなくなるということです。けれども、この目立たない発見は興味をそそります。そのか細い糸をわたしは手繰り寄せました。マウスをクリックするごとに目的に近づき、やがてこの無名の女性、ジョー・アン・ギブソン・ロビンソンの自叙伝、*The Montgomery Bus Boycott and the Women Who Started It*[3]〔未邦訳、仮題『モンゴメリーのバスボイコット運動と、それを始めた女性たち』〕を見つけました。ほぼ三十年前に、つまり彼女の亡くなる五年前に発刊された本です。題名に複数形で「女性たち」とあり、それだけでもジョー・アン・ギブソン・ロビンソンのパーソナリティーを雄弁に語っているといえます。彼女は、自分よりも先に集団を提示するのです。編者の書いた序文がその印象を裏付けています。そこには彼ら二人の出会いが記されており、それによれば当時七十歳を超えていたこの女性は、本の出版を望みつつも、自分を前に出すことを頑《かたく》なに拒みました。彼女にとって大事なのは、自分を美化するような自伝を書くことではなく、ボイコット運動の各段階、すなわち実施から帰結までを正確に復元することなのでした。自分語りをしたがる

3 Jo Ann Gibson Robinson, *The Montgomery Bus Boycott and the Women Who Started It*, Knoxville, The University of Tennessee Press, 1987.

気持ちは皆無。ボイコット運動に関わったほかの人たちとは異なり、ジョー・アンのさまざまな記憶は神話を作ることも、あるいは名声の不足分を補おうとすることもなく、次の引用のとおり、アメリカ史における黒人集団を位置づけ直そうとする意志に貫かれています。「アメリカの黒人たちは何世代にもわたって描写されてきたような存在ではない。呑気で、自惚《うぬぼ》れ屋で、傲慢で、怠け者で、社会に良いものや価値のあるものを何ひとつもたらさない役立たずとは違う。（中略）アメリカの黒人の子供たちと、その子供たちの子供たちには、自分たちの祖先の闘いを知る権利がある。それが認められて初めて、この国は全員にとって素晴らしい国になる[4]」。

ジョー・アンは目立たない女性で、彼女の最も有名な写真はモンゴメリーの警察署で撮られたものであり、７０４２と書かれたプレートを片手の指先で持ち、顔を少し横にそらしています。まるでその状況が彼女とはほとんど関係ないものであるかのように。肌の色が明るく、直線的にカットされた髪型で、モナ・リザ風の微笑を浮かべたジョー・アンは上品で、もし警察によるそのような演出がなければ、すべての要素から見て彼女は単にトランプゲームのブリッジをしに行くところのように見えます。ローザ・パークスの写真とは別物です。ローザのほうは厳粛で純潔な雰囲気の表情をし、７０５３番のプレートを真面目にきちんと両手で持っています。７０８９番のプレートを首にかけたマーティン・ルーサー・キングの殉教者然とした、キリスト教的な顔つきとも違います。そうではなくて、一九五〇年代のひとりの女性の相貌、皮肉屋っぽい中産階級の都会人の相貌なのです。『マッドメン』〔一九六〇年代のニューヨークを舞台とするアメリカのテレビドラマ。二〇〇七～一五年に放映〕がこの時代に撮影されていたら、ジョー・アンは余裕でキャストの一員になれたでしょう。彼女は独特でした。クローデット・コルヴィンやローザ・パークスと違ってアラバマ州の出でないだけでなく、学業の必要に応じてテキサス、カリフォルニア、ニューヨークへ行ったことがありました。おまけに、彼女は——元夫の名字を持ち続けてはいたものの——離婚した女性であり、その点で一九五〇年代の標準からかけ離れていました。彼女はアメリカ南部が唯一の規範ではないことを知っていました。犯罪者識別用の彼女の写真に、わたしたちは何か少し違うものを、解放されたエレガンス、現代性の一形態を感じ取ることができます。

　けれども、当時起こっていたことに何の重要性も持ち得ないものがあったとすれば、それは彼女の経歴でした。モンゴメリーのバス運転手にとって、黒人は黒人であり、個人の免状や、給料や、社会的地位は「関係ない」のでした。白人たちの席に座る黒人は誰であろうと叱りつけ、正しい道に戻す必要がある、それだけのことだ、つべこべ言わずに踊れ、ジム・クロウ！　というわけでした。

　そういうわけで、運転手はジョー・アン・ギブソン・ロビンソンを罵倒しながら手を振り

4 *Ibid.*, pp. 10-11.

上げました。どんなことを言ったのかって？　彼女はそれについて語っていないけれども、侮辱の言葉というのは、十中八九決まり切っています。「汚い黒人の売女め、バスから降りろ！」と言い、きっと運転手はこの前半の句を成す三つの言葉で彼女を引っぱたいたのです。汚さと、有色の肌と、背徳は、全部似たようなものとして、同様に扱われていました。彼女は起立し、屈辱感にまみれて降車しました。とはいえ、黙って我慢するだけの女性ではありません。農民の娘としてジョージア州に生まれた彼女は十二人の兄弟姉妹の末っ子で、家族のうちで初めて学業を修めたのでした。綿花の収穫の時期に学校が閉鎖されてしまうような環境や、まだ六歳だった頃に父親と死別したとか、追い込まれた母親が農場を売却したとかいった事情を乗り越えて努力したのでした。「汚い黒人の売女め、バスから降りろ！」——こういう侮辱が彼女の傷となり、今もしぶとく残っています。傷口が開いたままなのです。彼女の自伝は当時から三十八年経ったのちに上梓されたのですが、編者による序文には、七十代の彼女がそのエピソードを語った際、目に涙を浮かべていたと書かれています。

一九五〇年、事件の二、三週間後、侮辱を受けた経験に駆り立てられて、ジョー・アン・ギブソン・ロビンソンはＷＰＣ（Women's Political Council）という協会の会長職を引き受けました。その決断をするまでの彼女は、ＷＰＣの単なる一会員でした。ＷＰＣは一九四六年に創設された協会です。創設者のメアリー・フェア・バークス〔一九一四〜九一〕はアラバマ州生まれで、ジョー・アンの働いているアラバマ州立大学の英語学科の責任者でした。協会は、メアリー・フェア・バークスの受けた屈辱をきっかけに設立されたのでした。彼女はまったく理不尽な理由で逮捕され、数時間投獄されたのです。メアリー・フェア・バークスは車を運転していて白人女性を轢《ひ》きそうになり、間一髪で避《よ》けることに成功したのですが、実のところ、その白人女性は車道に青信号が出ているときに道路を横切り、車の前に身を投げ出してきたのでした。その日、監獄にぶち込まれたメアリーは、独りで闘争しても結果が出ないことを痛感しました。その後のわずか一週間で彼女はＷＰＣを創設しました。ＷＰＣはモンゴメリーにある十八の女性組合の一つでしたが、メアリーはこの組合を、チャリティー活動だけにとどまるほかの組合とは違うものに、すなわち、ジム・クロウ的なものに対抗する政治的な武器にしたいと思いました。彼女はモンゴメリーに住む社会的中間層の黒人女性たちを組合に結集しました。教員、看護師、ソーシャルワーカーなどを、自分の属する教区から、あるいは友だちや同僚たちの交友の輪から募ったのです。創設当初は五十人だった会員数がほんの数年で三百人に増え、ＷＰＣは市内の約六十の団体のうちでもけっして無視できない重みを持つようになりました。

会長に就任してすぐ、ジョー・アン・ギブソン・ロビンソンはバスでの黒人たちの扱われ方の問題に取り組みました。モンゴメリー市長、ウィリアム・Ａ・ゲイルに接触して会議を開催し、その場で、状況改善を目的とするいくつもの具体案を提示したのです。第一に、彼女はバスの運転手たちが黒人乗客に対して礼儀にかなった話し方をすること、侮辱の言葉を吐かないようにすることを求めました。第二に、黒人たちにバスの先頭スペースで料金を支払わせた上、後方の出入口から乗車させるという原則の廃止を要求しました。さらに、白人地区のバス停の場合と同じように、黒人地区でもすべてのバス停でバスが停車することも求めました。実際、現実はその要求から程遠かったのです。一般に運転手はバスが黒人地区に入ったとたん、本人の気が向いたときにしか停車しなくなるのでした。最後に、ほかの州で実施されていることを参考にして、ジョー・アン・ギブソン・ロビンソンは市長とバス会社の責任者たちに対し、白人乗客がバスの前の席から順に座る一方で、黒人乗客は後部座席から順に座っていくというシステムの確立を提案しました。その方式を採れば、二つのグループが出会う地点で境界線が決まります。会議はどちらかというとうまく進行し、その後の数週間は状況に改善が見られました。が、そのあと何もかもが元通りになりました。一九五二年には、黒人の男性がバス運転手に小銭への両替を拒否され、口論になった末にバスを下車したとき、警察に撃ち殺されるという事件まで発生したのでした。

ほかにもさまざまな会議が次々に開かれ、どの会議も、今後は物事が変わっていくという保証をもって閉会しました。市長は礼儀正しく振る舞い、黒人女性たちの意見を重視しているという印象を与える術を心得ていました。四年間にわたって、ジョー・アン・ギブソン・ロビンソンが作成した報告書はつねに、市長のこの上ない誠意を強調していました。骨の髄まで活動家ではあったものの、ジョー・アンは対話の意志を維持し続け、無謀な要求はせず、人種差別の問題を人種隔離廃止の観点から提起したことは一度もありませんでした。重視されていたのは、隔離原則に基づくさまざまな限界の中で白人と黒人の最良の共存方法を見つけることでした。ここに歴史の皮肉があります。もし市長がそうした施策を受け入れていたら、人びとの怒りが高まるのにもっと時間がかかり、人種隔離との闘いはいっそう難しくなっていたでしょう。市長がルールの変更を強情に拒否したからこそ、彼が全力で守りたいと思っていた隔離システムが消滅に追いやられることになったのです。

座る、立つ、立つ、座る、とモンゴメリーの黒人たちの日常は続いていました。合衆国最高裁判所で学校における人種隔離を違法とする判決が出ると、それを受けて、ジョー・アン・ギブソン・ロビンソンは態度を急進的な方向に転換しました。その判決が公表された四日後の一九五四年五月二十一日、つまりクローデット・コルヴィンの抵抗の九カ月前、そしてローザ・パークスの事件の一年半前、彼女は市長に一通の手紙を送りました。その手紙では、彼女のトーンが以前とは一変していました。もはや何かをお願いするのではなく、脅しをかけていたのです。「市長殿、公共交通機関の乗客の四分の三は黒人です。もし黒人たちが利用しなければ、機能が失われます。(中略)この要望をご検討いただき、そしてもし可能ならば好意的に動いていただきたい。というのも、わたしたちはあなた方のバスを利用する頻度を落とすこと、さらに言えばいっさい利用しないことを検討するかもしれないからです。わたしたちはそのような事態を望んではいません」[5]。

このとき以降、ジョー・アン・ギブソン・ロビンソンはボイコット運動を開始する好機を待ちました。交通機関を利用しないよう明確に呼びかける文面のチラシを準備し、その日付の部分を空欄にしておきました。また彼女は、まもなく二十四歳になろうとしていた若い黒人弁護士フレッド・グレイに近づきました。フレッド・グレイはローザ・パークスの友人で、モンゴメリー生まれでしたが、ほかの州で法律学を学んで、郷里に戻ってきたばかりでした（黒人が法律学をモンゴメリーで学ぶのは不可能でした）。そして、町で二人目の黒人弁護士になり、人種差別問題を最高裁判所に持ち込んで争うことを固く決心していました。

第一幕

こうしてすべてのピースが揃い、理屈の上では、クローデット・コルヴィンは逮捕されてから最初の数時間、いわばローザ・パークスになり得る立場にいた。彼女は警察署に連行され、登録され、指紋を取られ、そして刑務所に送られた。クローデットは十五歳なのに、未成年者用の刑務所ではなく、大人の刑務所に送られたのだ。道すがら、警官たちは彼女を「物」だの、「娼婦」だのと言った。恐れおののきながらも、彼女は事態に向かい合う。その後、バプテスト派教会のジョンソン牧師とクローデットの母親が保釈金を払いに行ったのだが、そのとき彼らは最悪の事態をも覚悟していた。彼女は独房に入れられていた。泣いている。そしてここは一九五〇年代のアラバマ州だ。そうであってみれば、最悪のことが起こったにちがいない。彼らは尋ねた。「クローデット、大丈夫かい？」暗に言おうとしていたのは、「殴られたのかい？」「レイプされたのかい？」ということだった。なにしろ、女性たちの反抗はいつもそういう終わり方をするのだったから。「クローデット、大丈夫かい？」──ええ、大丈夫よ。クローデットは第一回戦を勝ち抜き、無事に生きていた。殴られなかったし、レイプもされなかった。とはいえ、刑務所から出たというだけでは安心できない。彼女の父親は一晩中、銃を手にしてクー・クラックス・クラン〔アメリカの白人至上主義的秘密結社〕メンバーの男たちの襲撃に備えていた。なんといっても、クローデットはわずか一日のうちに、運転手一人、警官二人、合わせて三人の白人男性に挑戦したのだ。リンチされるには十分すぎた。

彼女のまわりで黒人たちの共同体が団結した。彼らはこの娘の受けた扱いを腹に据えかね、彼女があえて黒人差別のシステムに立ち向かったことを誇りに思った。ニュースが広まり、みんなの憤りが高まった。間違いない、このときに限れば、クローデット・コルヴィンは後年のローザ・パークスになり得た。NAACP（全米有色人種地位向上協会）とジョー・ア

5　*Ibid.*, p. VIII.

ン・ギブソン・ロビンソンは協議し、フレッド・グレイに連絡を取り、彼をこの若い娘の弁護士に任命した。ローザ・パークスは弁護費用を払えるようにするための募金活動を始めた。弱冠十五歳ながら、クローデットは弁護士に提案された方針を受け入れた。彼女は、モンゴメリーの人種隔離の掟《おきて》を最初に破った黒人だったわけではないが、その掟を破った上で、無罪を主張し、市を訴える危険を冒した最初の黒人だった。もしバスで三人の白人男性に挑戦しただけでクー・クラックス・クランの男たちが自宅に押しかけてくるのだとすれば、市を相手取って訴えを起こした場合、いったいどんなことが起こるだろうか。この道を選んだことで、クローデット・コルヴィンとその両親は勇気と大胆さを示した。これに感銘して、事件の現場にいた数人の友だちがクローデットのために証言するのを受諾した。滅多にないことだった。

しっかりした資料、腹を決めた被害者、勇敢な証人たち。フレッド・グレイから見て、そこには、この事件をアメリカ合衆国連邦のレベルに押し上げて人種隔離をぐらつかせるための要素がすべて揃っていた。さて、時は一九五五年三月二日、少女クローデット・コルヴィンの公判は三月十八日に定められていた。ジョー・アン・ギブソン・ロビンソンとローザ・パークスの考えでは、この十五日間のうちにボイコット運動を準備すべきであることに疑いの余地はなかった。ティーンエイジャーの度胸を前に、四十代の二人は敬意を感じた。少女の勇気ある行動のおかげで、彼女たちの恥辱も少し打ち消されたのだった。

とはいえ、大規模な行動を起こすには黒人コミュニティ全体の支持が必要だった。これはつまり、男たちの支持が、そして宗教的権威の支持が必要だったということである。市内に五十もの教会があって、そこにカトリックや、福音派や、メソジスト派や、バプテスト派の黒人信者たちが集っている以上、教会を無視するのは不可能だった。ところが、大きな影響力を持つこの男性たちの多くは、既成秩序と闘うよりも、むしろ保存するほうに熱心で、自分たちに恩恵を与えてくれている相手方を侮辱することになりはしないかと心配していた。彼らのうちには、若い牧師、マーティン・ルーサー・キングもいた。彼は六カ月前からジョー・アンの通うバプテスト派教会を統率していたが、その影響力は限定的だった。彼はこのモンゴメリー市の出身ではなかったし、まだ二十六歳でしかなかった。

ジョー・アンは孤立していた。黒人リーダーたちはみんな、交渉の方向に進むほうがいいという意見だった。彼らに言わせれば、ボイコット運動は適切な手段ではなかった。真正面からのアプローチに過ぎて、逆効果になるという。彼らは自分たちの拒否を正当化するために、クローデットの年齢に言及した。そんな行動を代表するには、彼女は若すぎると指摘したのだ。一九五〇年代には、今日わたしたちが耳にするようなティーンエイジャーはまだ存在し始めていず、人は、子供か大人かの二者択一だったのだ。思春期の若者たちの層はまだ、れっきとした社会的カテゴリーの一つと見なされていなかった。つまり、その男たちから見て、クローデットは子供であり、しかも女性なので、二重の意味で責任能力を欠いていたのだ。それでもジョー・アン・ギブソン・ロビンソンは、勝負はまだこれからだと思っていた。集会を開催し、黒人リーダーたち、クローデットを逮捕した警官たち、市長、クローデットの弁護士、そしてバス会社の重役たちを一堂に会させた。黒人を代表する者として、NAACPのE・D・ニクソンや、WPCのジョー・アン・ギブソン・ロビンソンのほかにも、さまざまな宗教的権威の主要な代表者たちがいて、そこにはマーティン・ルーサー・キングも含まれていた。ローザ・パークスは、参加しないと決めていた。急進的な選択肢が拒否されたことにがっかりし、この集会の行き着く先は現状維持にちがいないと確信していた。彼女の考えでは、もはや、「請願をしたためた紙切れを手にして、白人たちに特別の計らいを求め」[6]に行っている場合ではないのだった。一方、ジョー・アンは、交渉による解決になお望みをかけていた。ただし、状況がクローデットに不利に展開するようなら、一か八かの勝負に出るつもりでいた。クローデット・コルヴィンに向けられた訴追事項は三つだった。公共の秩序を乱したこと、二人の警官のうちの一人に対する暴行（叩いたり引っ掻いたりしたらしい……）、そして何よりも、席を譲るのを拒否して市の法律に違反したことである。この三つ目の点について、弁護士のフレッド・グレイが次のように注意を喚起した。市の行政命令によれば、クローデットがほかの席が空いているにもかかわらず立ち上がらなかったのであれば違反があったと言えるけれども、事件が起こったときはそうではなかったと。そしてこの発言の根拠として、空いている席が一つもなかったという十数件の証言を提示した。警官たちとバス会社の並べる嘘《うそ》を前に、ジョー・アン・ギブソン・ロビンソンは強く苛立《いらだ》ち、ボイコット運動を仕掛けると正面切って脅かした。すると、バス会社の社長は急に、クローデットの座れる席はほかになかったと運転手から聞いていたことを思い出した。そこで、このケースで落ち度があったのはむしろ運転手だとみんなが認めざるを得なくなった。当局者らは平謝りし、こういったことが繰り返されないよう必要な措置をとると請け合い、バスの座席の配分に関するジョー・アン・ギブソン・ロビンソン側の提案を改めて検討するとまで申し出た。告訴の取り下げまでは検討されなかったものの、この集会を経て、黒人の代表者たちは、訴訟は形式的なものにすぎず、若い娘は当然無罪になり、何の前科もつかないだろうという確約を得た。一件落着。この結論を前にして、ジョー・アンも自らの判断を見直し、大方の意見に同調した。和解するほうがたしかに建設的だと思ったのだ。第一幕終了。

6 Rosa Parks with Jim Haskins, *Rosa Parks: My Story, op. cit.*, p. 112.（前掲訳書、一一六頁。この引用箇所の訳文には若干の変更を加えた）

第二幕

三月十八日、モンゴメリーの少年裁判所でクローデットに順番が来ると、それから審問が二時間半続き、法廷の状況が一変した。クローデットは、モンゴメリー市側の弁護士から〝下劣なヒステリー女〟として紹介された。「黒人の意地悪女」という定番のイメージを昔から伝えてきた人種隔離主義的レトリックのなかでも、超古典的な言い回しだった。これはちっとも珍しいことではない。人種隔離主義者たちの資料や文献に登場する黒人女性たちはきまって乱暴で攻撃的な人物なのだ。このように、市側の法廷弁論は当時の偏見を反映していた。一人目の警官が証言台に呼ばれた。彼は落ち着き払って、クローデットが自分たちを叩き、引っ掻き、さらには何度も足で蹴ったと主張した。次に、二人目の警官の番が来た。「彼女はあなたを殴ったり、叩いたり、あるいは引っ掻いたりしたのですか？」と問いかけた市側の弁護士に向かって、これはその弁護士にとっては非常に不都合だったわけだが、その警官は誠実さに突き動かされて「いいえ」と答えた。弁護士が同じ質問を改めて明示し、クローデットが逮捕されるときにバスの中を混乱させたかと警官に尋ねると、警官は、クローデットは泣き出したけれど、彼女が叫んだり悪態をついたりするのを聞いた覚えはないとだけ答えた。

それでも弁護士はひるまず、一人目の警官の証言を補強すべく、白人乗客たちの手紙や証言を提示した。それらはこぞって、クローデット・コルヴィンが警官たちを暴力で挑発し、見るからに過ちに走らせようとしていたと主張していた。この証言者たちによれば、警官たちは彼女にとても穏やかに、そして礼儀正しく話し、若い娘から受ける暴力にもめげず、右の頬を打たれたら、左の頬をも差し出さんばかりだったそうだ。幾人かはさらに、警官たちが彼女に話しかけたとき、声音があまりに穏やかで、あまりに静かで、ほかの乗客は誰一人として何を言っていたか聞き取れなかったとまで付け加えた。これこそ、自分には聞き取れなかったと言っている言葉のやり取りを証言する人びとの、驚くべき陳述である。けれども、こういうのは何ら珍しくない。アメリカ南部の十八番なのだ。どんな犯罪が争点になっている場合でも、毎度のように白人至上主義者たちが出てきて、途方もないことも含めてどんなことでも証言する。ジム・クロウ的なものを強固にするためなら、まさに何でもありだった。

クローデットの弁護士、フレッド・グレイは、彼女の学校の友だちのうち、事件発生時にバスに乗り合わせていた数人を証言台に呼んだ。彼女たちの証言は、少し前に同じ場所で語られた話とは似ても似つかないものだった。クローデットは静かにしていたのであり、訴訟の相手方によって描写された野蛮で制御不可能な人物とは全然違ったというのだ。

そして、クローデットの番が来た。

フレッド・グレイ「お名前は?」
クローデット・コルヴィン「クローデット・コルヴィンです」
グレイ「では、コルヴィンさん、ご住所は?」
コルヴィン「ディクシー・ドライブ、六五八番地です」
グレイ「年齢は?」
コルヴィン「十五歳です」
グレイ「ご両親のお名前は?」
コルヴィン「Q・P・コルヴィンとメアリー・アン・コルヴィンです」
グレイ「ふだんバスに乗りますか?」
コルヴィン「はい」
グレイ「一日の乗車回数は?」
コルヴィン「一日に二回です」
グレイ「バスに乗っていて、事件の被害者になったことがありますか?」
コルヴィン「はい」
グレイ「それはいつのことですか?」

コルヴィン「一九五五年三月二日です」
グレイ「どのバスに乗っていましたか?」
コルヴィン「ハイランド・ガーデンズです」
グレイ「何時ぐらいでしたか?」
コルヴィン「十四時三十分ぐらいかと……」
グレイ「どこへ行くところでしたか?」
コルヴィン「学校が終わって家に帰るところでした」
グレイ「では、三月二日に起こったことの詳細を、この法廷で話していただけますか?」

クローデットが詳細を語り始めた。白人たちを前にして、視線も声も下げないように、明快、明確、冷静でいるように努めながら。証言台で彼女は、うっかり自分ではない存在に、つまり、人種隔離主義者たちの本に出てくるような怒り狂う黒人女や、トラブルメーカーの女になってしまわないように気を付ける。順序立てて整然と、現実にあったことを述べようと試みる。

コルヴィン「二人の警官が乗車し、そのうちの一人が『誰だ、こ、これは?』と言いました」

警官はティーンエイジャーを指して、肌の色の黒い若い娘を指して「これ」と言った。バスの座席に載っていて、動く気配のない黒い物体に向かって「これ」と言ったのだ。あたかも、物体の上にもう一つ物体が載っていたかのように。

コルヴィン「彼は激怒していました。席を空けるかどうか訊いてきました。わたしは『いいえ、空けません』と言い、泣き出しました。警官は『おまえをどかすのがおれの任務だ』と言いました。でも、わたしは動きませんでした。ほんの少しも動きませんでした。すると、警官はわたしを足で蹴りました。そして一方の警官がわたしの片方の腕を取り、もう一人がもう一方の腕を取り、そのまま簡単にわたしを外に引っ張り出しました」

クローデットの言葉を繰り返しておきましょう。「そのまま簡単にわたしを外に引っ張り出しました」。

そして次はバスの運転手、ロバート・クリアの番だった。彼は証言の中で、クローデットが警官たちに暴力を振るうのは見ていないと認めた。

ここまでのやり取りはあなたを喜ばせたことでしょう。けれども、思い出してください。

今わたしたちがいるのは一九五〇年代のアメリカ、アラバマ州です。この州では、何よりも先にジム・クロウ的なものがまかり通ります。正義よりも、事実よりも優先されるのです。ここでは公正さはごくわずかしか重視されず、大事なのは慣習が、明白な事実に反してでも圧勝することなのです。

さて、裁判所は、市側の勝利を確実にするために、クローデット逮捕の根拠となった市の規則ではなく、アラバマ州の法律によって彼女を裁くことにした。市の行政命令が明示するところでは、バスの中でほかに一つも空席がない場合、何人《なんぴと》といえども、自分の席を譲らないからといって訴追はされない。それに対して、州の法律は、バスの運転手たちに乗客の席を割り当てる完全な権限を与えている。ヒルという名前の判事がクローデットに対し、公共の秩序の攪乱《かくらん》、法律違反、そして公務執行妨害という三つの起訴事実について有罪を宣告した。

三重の意味で有罪であり、宣告されるかもしれない刑罰が三つあった。すなわち、罰金、強制労働付き施設への収容、保護観察付きの執行猶予。

自分に当然の権利があることを信じ、その権利を護るために闘う覚悟を決めるのと、そもそも自分に権利がないという事態に直面するのとでは、まったく話が違う。クローデットは二時間半の審問にひるまず立ち向かったけれども、この審判を受けて崩れ落ちた。悲痛なむせび泣きが裁判所中に響いた。法廷で、多くの人びとがこの若い娘のために怒りと悲しみで涙した。彼女は、事実から見れば無罪放免が妥当なのに、州の法律に則《のっと》って、保護観察付きの執行猶予に処せられると聞かされたのだから。判決が裁判所の外に伝わるやいなや、爆燃《デフラグレーション》ともいえる現象が生じた。このときのことを振り返って、ジョー・アン・ギブソン・ロビンソンはこう書いている。「黒人たちが決裂の地点にあそこまで近づいたことはかつてなかった」[7]と。実際、その後の数日間、黒人のうちの多数がバスに乗ることを自ら進んで拒否した。この状況からすれば、クローデット・コルヴィンは後年のローザ・パークスのようになる可能性があった。材料は揃っていたのだ。激《はげ》しい苛立ち、怒り、不公平だと思う気持ち、被害者の勇気がそこにあった。けれども、闘いは始まらなかった。闘いを率いるリーダーが一人も現れなかったから。そのため、憤りが弱まっていき、風が吹き、雨が降り、最後の抵抗の熱も冷めてしまった。数日を経て、誰もが昔からの習慣に戻った。バスの前方で料金を払い、いったん降りて後方から乗り、座り、立ち、立ち、座り、いつも用心しながら、どうにかこうにか、こうにかどうにか、日々が過ぎていくにまかせるのだった。

クローデット・コルヴィンがローザ・パークスになることはなかった。彼女の年齢と雨降りのせいだった。また、黒人のうちでも、彼女のことを半分しか信じない男性たちのせいだった。

第二幕終了。

二重の刑罰

失望はしたものの、弁護士のフレッド・グレイは控訴すべきだと思った。そうすれば、判決を変えさせるチャンスが生まれると。それは議論を最高裁判所に持ち込むという方針を維持する方法でもあった。全国から数百通の支援メッセージが、ローザ・パークスが書記を務めるNAACP事務局に届いた。黒人および白人の共鳴者たちが、クローデットの行動を誇りに思うと述べて、控訴手続きに入れるようにするための寄付金を送ってきたのだ。モンゴメリー市の複数の教会でも募金がおこなわれた。十五日間で必要な額が集まった。しかし、クローデット・コルヴィン本人が一回目の審判で心に大きなショックを受けていて、外部からの支援も彼女を立ち直らせることはできなかった。ジョー・アン・ギブソン・ロビンソンは、この若い娘が「以前のように人びとの目をまっすぐ見て話さなくなっていた[8]」と回顧し

7 Jo Ann Gibson Robinson, *The Montgomery Bus Boycott and the Women Who Started It, op. cit.*, p. 42.

8 *Ibid.*

ている。直面した不公正があまりにも暴力的だったのだ。クローデットは自分自身をまるで将来のない存在のように感じた。現在も未来も塞《ふさ》がれてしまった存在。なにしろ、前科がある以上、いくつかの学校やいくつかの職にはもはやアクセスできない。彼女が弁護士になる日は来ない。それは確かだった。彼女は学校で、街中で、あらゆる場所で、人びとから評価を下され、後ろ指をさされているような気がしていた。自宅にいるときしか心が休まらなかった。

それでもなお、彼女はフレッド・グレイの提案を受け入れた。

公判は五月六日に定められた。待ちに待った当日、クローデットの証言を聞いたあと、カーター判事は彼女に向けられていた三つの起訴事実のうち、二つ――公共の秩序の攪乱と、人種隔離法違反――を放棄し、公務執行妨害の起訴事実のみ維持すると告げた。三つの起訴事実のうちの二つが取り下げられたのは、もっぱら政治的なオペレーションであって、この訴訟から人種差別をめぐる争いという次元を消すのが狙いだった。この二つの起訴事実が放棄されてしまえば、訴訟が連邦裁判所に持ち込まれる可能性は消える。カーター判事はクローデット・コルヴィンに有罪を宣告し、少額の罰金の支払いを命じるとともに、有罪を維持して保護観察付き執行猶予とした。こうなると、クローデットにはまぎれもない前科がつく。その上、彼女の事件を国家レベルに押し上げたかもしれない二つの起訴事実を放棄することによって、判事は彼女のケースを黒人リーダーたちの関心の領域から消したのだった。二重の刑罰《ペース》。それによってもたらされる苦しみ《ペース》がまもなく三重になる。彼女の弁護士であったフレッド・グレイの自伝の中で、クローデットの事件は「フライング」[9]のようなものとされている。

クローデットにとっては、わけの分からないことだった。彼女は孤立した。この見捨てられ方が過去の苦難に輪をかけた。彼女はそれまでの短い人生のすべての段階で、見捨てられることに慣れてこなければならなかった。あるいはむしろ、そのことを意識の外に追い出し続けなければならなかった。物心がついてからずっと、見捨てられ、諦めることの連続だったからだ。発端は父親の行動。クローデット・オースティンとして生まれたクローデット・コルヴィンは、C・P・オースティンの娘である。この男は、クローデットが生まれて間もない頃に、仕事を求めて夫婦の住居を離れた。一年後にほんの短い間帰ってきて、母親にクローデットの妹デルフィーンを身籠《みごも》らせ、また姿を消し、二度と戻ってこなかった。母親はどうしたのかって？　クローデットを出産し、C・P・オースティンが出て行ったあと、母メアリー・ジェーンは娘を自分の伯母と伯父、メアリー・アンとQ・P・コルヴィンに預けた。その後ずっと、クローデットは彼らを本当の親のように思って育った。彼女が「ママと

9　Fred Gray, *Bus Ride to Justice*, Montgomery, NewSouth Books, 2002, p. 49.

パパ」と言ったら、それはメアリー・アンとQ・Pのことだった。メアリー・ジェーンについて、クローデットは「わたしの産みの母」と言う。では、妹との関係は? デルフィーンは少しあとにコルヴィン家に合流した。おしゃべりな女の子で、姉のことが大好きだった。二人はベッドを共有し、夜になるとデルフィーンは、クローデットにあれこれ話しかけ、歌を歌い、質問を投げかけ続けた。連続する波のような、途切れることのない絆《きずな》があった。一九五二年の夏、デルフィーンはひどい熱を出し、衰弱し、やがて起き上がることができなくなった。その夏、モンゴメリー市はポリオ〔脊髄性小児麻痺。ポリオウイルスによって発症する疾病〕に襲われていた。デルフィーンは病院へ運ばれた。感染の恐れがあったので、クローデットは面会を禁じられた。やがて、デルフィーンは肺が反応しなくなったので、鉄の肺〔タンク式人工呼吸器〕の中に入れられた。子供を食らう鬼のような機械で、その大きな金属製のボディから、子供の小さな頭だけが外にはみ出ているという代物だ。機械のおかげでデルフィーンはまた呼吸し始めた。だからみんな、すべてが早く回復することを期待した。クローデットがこの病気の進行について知っていたのは、教会で目にする、手足の変形した子供たちの姿だけだった。子供たちの腕や脚はヴェールで包まれていて、使われなくなった自転車用タイヤさながらだった。Ｐｏｌｉｏ。得体の知れない、戦慄《せんりつ》させられるような五文字だ。クローデットは、この病気は本気で恐れたほうがいいと分かってはいたものの、どうしてそうなのかはあまりよく理解できなかった。メアリー・アンとQ・Pに質問しても、回答はいつも漠然としていた。それに、彼らに同行して病院まで行っても、面会は許されず、いつも車の中で待っていなければならなかった。その病気は相変わらず遠く、謎《なぞ》めいていた。一九五二年九月五日、クローデットの誕生日にデルフィーンは死んだ。クローデットが十三歳になった直後だった。

こういうわけで、この訴訟に負けるということは、すべてを失うことだった。物事への関心も、自負も、将来の見通しもすべて。一九五五年の春、十五歳のクローデットの視界には廃墟《はいきょ》が広がっていた。ほんの些細《ささい》な間違いでも犯したら監獄に送られかねないという考えに怯《おび》え、彼女は時間の大半を家で過ごしていた。ＮＡＡＣＰの若者たちの会合に参加することが時折あって、そこでローザ・パークスと再会した。ローザ・パークスは彼女を促して、若い運動員たち相手に話をさせた。彼女の経験には実例として価値があるというのだった。こうした数少ない外出の折に、クローデット・コルヴィンは一人の男性に出会った。それから五十五年以上経った今もなお彼女は、その人物の名前を明かさない。何か手に負えないようだ。乗り越え難いようだ。彼女がその人物に言及するときには、曖昧《あいまい》な、感情のこもらない言葉が出てくる。その話によれば、男性の肌の色は非常に明るく、年齢は彼女より約十歳上で、既婚者だったらしい。彼女がより進んで話すのは、彼の共感力についてだ。彼は彼女を理解し、彼女の言葉に耳を傾け、彼女を一方的にジャッジすることがなかった。彼女がまっすぐにしようとすることをやめた髪までも、彼は自分の好みだと言ったそうだ。その男性は誰だったのか。朝鮮戦争の退役軍人で、遠くから旅をしてきたようだったらしい。彼女はきっと、その男と数回しか会っていない。男は自分の優位性を駆使して、途方に暮れていた女の子の気に入られるように振る舞ったにちがいない。一九五〇年代には、十代の女の子たちは男性たちや性行為についてはほとんど何も知らず、頭の中でハリウッド映画的な夢想と宗教的迷信を混合していた。聖女のようにあるべきで、ふしだら女ではいけないというのが、知っていることのほぼすべてだった。この観点から現代を見るとき、果たして事態は本当に変わったといえるだろうか。

クローデット・コルヴィンにとって、妊娠するなどということはまったく予想外だった。そんなことは絶対、自分みたいな娘に、こんな形で、特に最初の性的関係で起こるはずがないと思っていたからだ。第一、性的関係があったのだろうか。相手から何も言われていなかったとすれば、どうやってその確信が得られるのか？　妊娠を告げられた両親は、父親の身元を誰にも明かさないよう彼女に強く言い聞かせた。自分たちの娘が他人の婚姻関係を壊そうとしたと非難されるのを恐れたからだった。神さまによればそのことのほうが、大人の男が、しかも既婚者が、自分に信頼を寄せるティーンエイジャーの心につけ込み、弄《もてあそ》んだことよりも深刻であるらしい……。当時、もうすぐ新学期の始まる頃だった。高校では、妊娠の発覚した生徒はいかなる場合も退学処分を免れないと規則で決まっていた。そのため、クローデットの両親は彼女に、クリスマス休暇までは学校に通いなさい、そのあとわたしたちが、娘は病気になったと学校に連絡してあげるから、実母のいるバーミンガム市で出産までの日々を過ごしなさい、と指示した。出産後は赤ん坊を向こうに残してモンゴメリー市に戻り、学業を終えればよい。そうすれば名誉は保たれる、というわけだった。

一九五五年の秋、クローデットは常にきちんと計画どおりに立ち回り、秘密と沈黙を守り続けていたものの、お腹《なか》の大きさが予定よりも早く目立ってしまった。結局、彼女は退学させられた。作戦変更が必要となった。実母のもとへ行って出産するのは変わらずだが、その後モンゴメリーには戻らず、バーミンガムの高校にクローデット・オースティンを名乗って――これは学籍書類の照合を避けるためだった――登録することになった。こうしてクローデットは、十六歳にして、人生の新たな断絶に備えなければならない状況に置かれた。町を離れ、今までの人生と別れ、まったく別の名前ですべてをやり直すことになった。共に暮らすことになった馴染みのない人物は、実母のメアリー・ジェーンだ。彼女はトーマス・ガドソンという男と結婚してからはガドソン姓を名乗り、新たに二人の娘を育てていた。

もう一人の黒人女性

ただし一方では、別の展開が始まっていた。

一九五五年十二月一日木曜日、ローザ・パークスは、お針子として勤めている店〈モンゴメリー・フェア〉から出て、二八五七番のバスに乗った。乗車券を買った直後、運転手に見覚えがあることに気づいた。一九四三年に彼女に対して手を振り上げた男、ジェームズ・F・ブレイクだった。けれども料金を払ってしまったので、彼女はバスに乗り込み、黒人エリアの中程の空席に座った。二回目の停車で白人専用の席がすべて埋まり、一人の白人男性が立ったままになった。

　今から展開する劇をあなたはすでにご存じでしょう。なぜなら、ローザ・パークスはクローデット・コルヴィンに代わり得るのですから。慣習どおり、運転手のジェームズ・F・ブレイクが、ローザ・パークスに向かって、また、彼女と同じ列にいる黒人たちに向かって、「その席を空けろ！」と言います。誰も動きません。彼は脅迫じみた口調で要求を繰り返します。ローザ・パークスの近くに座っていた、窓際の席の男性が、命令に従います。彼女は彼を通すためにいったん席を空け、一つずれて窓際の席に座り直します。次に、同じ列に座っていたほかの二人が席を空けます。いまや、座席にいるのはローザ・パークスだけです。運転手が彼女に立つ気はあるのかと訊くと、いいえと答えます。この瞬間、ローザ・パークスが、伝説のローザ・パークスに変化しました。運転手は、「そういうつもりなら、こちらとしては、あんたを逮捕させなきゃならん」と言います。彼女は「どうぞ」と応じます。やり取り終了。この展開は、みなさんにも憶えがありますよね。運転手はバスを降り、警官を呼びます。警官たちが乗り込んできて、ローザ・パークスを逮捕します。彼らが彼女を取り押さえて外に連行しようとする前に、彼女は自ら席を空け、外に出て、どんな抵抗の素振りも見せません。警察署に到着した彼女はすぐに母親に電話し、逮捕されたことを伝え、迎えに来てほしいと言います。その母親が最初に尋ねたのはどんなことだったと思いますか。――「殴られたのかい？」です。ほら、あなたもお分かりでしょう。一九五五年十二月に起こったことは、ある一点を別にすれば、同年三月に起こったことと瓜二つでした。そしてその一点こそが、この話を〝歴史〟へと変化させたのです。

ジョー・アン・ギブソン・ロビンソンは、このニュースを知ったとき、白人たちと交渉しようという気持ちをもはや少しも持ち合わせていなかった。彼女の考えでは、クローデット・コルヴィンに起こったのと同じことがここでまた繰り返されるのは論外だった。そこで彼女は、アラバマ州立大学で仲良くしている同僚の一人で、複写作業の部屋の鍵を所持している教員に声をかけた。十二月一日の夜から二日の夜明けにかけて、二人の学生の助けを借り、次の月曜日の十二月五日、つまりローザ・パークスの裁判当日にボイコット運動をしようと人びとに呼びかけるチラシを印刷した。チラシの文面は次のとおり。

「黒人女性がまた一人逮捕され、投獄されました。バスで白人に席を譲るのを拒否したからです。クローデット・コルベールの事件以来、今回で二度目です。黒人女性がまたもや同じ理由で逮捕されたのです。こんなことは、もう終わりにしなければなりません」[10]

慌てていたせいで、ジョー・アン・ギブソン・ロビンソンは「クローデット・コルヴィン」を、その名前の由来である有名女優「クローデット・コルベール」に置き換えてしまった。彼女に悪意はなかったものの、このエラーは、クローデット・コルヴィンが徐々に見えなくなるプロセスの最初の一歩だった。クローデット・コルヴィンはほどなくクローデット・コルヴィン――ローザ・パークスの暗い影のような存在――に取って代わられる。クローデットは、実在している生身の人間であるにもかかわらず、架空の存在になりつつあった。〝歴史〟が動き出していたのだ。

一九五五年十二月二日の明け方、計五万二五〇〇枚のチラシが印刷され、ジョー・アン・ギブソン・ロビンソンは、いつもの金曜日の朝と同じように大学へ授業をしに行くことができた。授業を終えると、ＷＰＣのメンバーたちと合流した。メンバーはそれぞれ、事前の打ち合わせで決めておいた担当の区域を、チラシを持ってくまなく回る義務を負っていた。彼女たちがチラシを投げ込むのは、黒人向けの住宅や、学校、商店、バー、美容院などの施設の郵便受けだった。チラシ配布が始まる前に、ジョー・アンはＮＡＡＣＰの代表たるＥ・Ｄ・ニクソンに自分の意志を告げたものの、彼の意見は求めなかった。そうすることで、彼女は既成事実を作り上げたのだった。この行動について知らされたローザ・パークス本人も、ジョー・アンに全面的に賛同した。夫のレイモンドが異議を唱え、事態が悪化して妻が殺されるのではないかと心配していたが、それにはお構いなしだった。かくして一時的には、女性たちが権力を握った。そんな心理状況の中で、Ｅ・Ｄ・ニクソンはマーティン・ルーサー・キングに声をかけた。たしかにキング牧師は、第一番に説得すべき人物だった。彼は市の宗教的リーダーのなかで最も若く、いちばん遅く着任してきただけに、危険を冒しても失うものが最も少ないのだった。Ｅ・Ｄ・ニクソンはドミノ理論を適用した。まずこの若い牧師に運動の先頭に立つことを引き受けさせるべきだ。そうすれば、ほかのリーダーたちの態度も変わる。そうした場合にのみ、自分たちの地位が揺らぐのを恐れる男たちは、活動に身を投じながらも、自分が最前線にいるとは感じなくて済む。仮にボイコット運動が失敗しても、彼らは全責任が新入りに降りかかるのを確信しつつ手を引くことができるだろう。マーティン・ルーサー・キングはこうしたすべての要素を意識し、ボイコット運動を始めるというアイデアに半信半疑で、考えるための猶予を求めた。

ローザ・パークスはといえば、『モンゴメリー・アドバタイザー』〔一八二九年創刊の地方紙〕に自分の逮捕を報じる囲み記事が出たにもかかわらず、まったくふだんどおりに日々を過ごそうと心に決めていた。ただ一つの例外として、その日はバスに乗る代わりに、友人に頼んで車で送ってもらった。職場に到着した一時間後、受け持ちの部署の上司が会いに来た。上

10 Phillip Hoose, *Claudette Colvin: Twice Toward Justice*, New York, Square Fish, 2009, p. 63.

司が話し始めるより先に、ローザ・パークスは自分が遠からず失職することを知っていた。彼女の解雇はその一カ月後だった。

同じ町の別の界隈《かいわい》で、マーティン・ルーサー・キングが若妻のコレッタと共に事の得失を比較検討していた。コレッタはのちに「彼（Ｅ・Ｄ・ニクソン）の頼みでなかったら、マーティン・ルーサー・キングはあれほど早々に事に関与しなかったでしょう」[11]と語っている。キング牧師の決心の中で、ローザ・パークスはまったく中心的ではなかった。たしかにこの時点では、彼が行動に乗り出した場合、得るものより失うもののほうが多そうだった。キング牧師は弱冠二十六歳で、わずか一年前に彼の最初のポスト、デクスター・アベニュー・バプテスト派教会の牧師に任命され、父親になったばかりで、娘は生後一カ月にもなっていなかった。それなのに、殺されるリスクはまぎれもない現実だったのだ。しかも、バスの中で分離独立の態度に打って出たモンゴメリーのお針子のために死ぬなんて、ふつうはまったく論外のことだった。けれども、彼はイエスと言った。そして二人の男性が合意し、ほかの四十九人のリーダーたちと会合を持つことにした。

男たちが裏取引的な話し合いをしている間、女性たちは街頭にいた。ＷＰＣのメンバーたちの有能さのおかげで、ボイコット運動に関する情報はモンゴメリー市を一巡しようとしていた。チラシは手から手へと渡され、どこから発生したのか誰にも分からないまま、伝聞が広がった。ジョー・アン・ギブソン・ロビンソンはチラシ配布の最中、彼女が教鞭《きょうべん》をとっている職場であるアラバマ州立大学の学長の耳に告げ口をされた。告げ口したのは同僚の女性だった。その女性は、ジョー・アンが自分の車に段ボール箱を詰め込んでいるときに、その車の中にチラシを一枚見つけたのだった。まさに悪意の密告だった。職を失う危険を冒してジョー・アンは自分の立場を主張した。大学の機材を用いてチラシを刷ったことを学長から非難されると、彼女は使った印刷用紙の代金はＷＰＣが償還すると約束した。それでいて、実際に払うのは自分だと先刻承知していた。ＷＰＣに資金はなかったのだから。ローザ・パークス同様、ジョー・アン・ギブソン・ロビンソンはこの企てで多くのリスクを背負う覚悟をしていたが、宗教的リーダーたちの場合はいささか事情が異なっていた。デクスター・アベニューの教会内で話し合いがゆっくりと進み、ありとあらゆる理由を挙げて、ボイコット運動を拒否する気運が高まってきていた。拒否に賛成の者たちはすべてを秘密にし、事が表沙汰になって不都合が起こるのを何としても避けようとした。また、このような運動が黒人コミュニティにどんな犠牲を強いるかと案じられてもいた。白人たちは必ずや報復措置を取るだろう、黒人は公共交通機関の中で邪険に扱われるだろうし、その上失業の憂き目にあう

11 Donnie Williams with Wayne Greenhaw, *The Thunder of Angels: The Montgomery Bus Boycott and the People Who Broke the Back of Jim Crow*, Chicago, Lawrence Hill Books, 2006, p. 60.

だろう。ボイコット運動は本当に解決策なのか？　話し合いは堂々めぐりに陥った。すると、E・D・ニクソンが発言した。彼は憤りを示し、念を押すようにこう言った。われわれが男同士で議論している間にも、ジョー・アン・ギブソン・ロビンソンとその周りの女性たちは団結し、われわれがそこに加わると加わらないとにかかわらず、きっと運動を続けるだろうと。「わたしは明言するが、歴史をひっくり返す必要がある。われわれのやるべき仕事をすべて肩代わりしてくれている、あの女性たちの後ろに隠れるのはもう終わりにすべきだ[12]」。

おそらくこのとき、パークス伝説が生まれた。なぜなら、ひとつの神話を創出するために、また、社会的な伝統を維持していくためにも、伝説が必要だったからだ。貞節で品がよい、か弱い存在のように語られるローザ・パークス、脚を痛めていたために席を空けるのを拒否したとされるローザ・パークスの伝説が生まれるとともに、社会的な役割がジェンダーに基づいてふたたび割り振られ、もはや女性たちが自分たちを護っているのではなく、当然強いであろう男性たちが当然非力であろう女性たちを保護している、ということになった。

クローデット・コルヴィンはどうしていたでしょうか。彼女はチラシの存在をキング・ヒルで知りました。近所の人が一枚持ち帰ってきていたのです。彼女は間違って綴られた自分の名前を読み、「もう一人の黒人女性」への言及を目にしました。チラシではそれがローザ・パークスのことだと明示されていず、その女性の身元は伝聞でもまだ拡散されていませんでした。つまり、クローデット・コルヴィンからしてみれば、この女性は単に「もう一人の女性」で、部分的な相違はあるにせよ、彼女自身が九カ月早く始めた行動──そのときは世間の無関心の中でほぼ忘れ去られていた行動──への敬意すべてを得るに値する人物でした。まさに魔法の杖の一振りにより、本来なら自分が生きるべきだった物語が目の前で展開していたのです。クローデットこそ、「もう一人の女性」、みんなが話題にする女性、みんなが今こそ闘おうとする理由を成す女性のはずでした。ところが、クローデットはキング・ヒルに隠れ、あたかもひとりの犯罪者のように、モンゴメリー市から永久に立ち去る準備をしていたのです。彼女は人知れず埋葬されるかのように体《てい》よく遠ざけられ、名前さえ忘れ去られていきました。いわば、墓石にすら名前を刻まれなかったのです。それに、墓の深さがどの程度かなんて、誰も知らないでしょう。地面から二メートル近く掘った穴に埋められていても、さらに奥に押し込まれることもあるのです。かくして、激しい議論ののちに、宗教的リーダーたちがついに運動に連帯するに至ったとき、彼らは二つ目のバージョンのチラシを作成することを決めました。そのチラシは最初のバージョンとまったく同じ言葉を使っていました。クローデットのことをほのめかす部分だけが削除されていました。ＲＩＰ（「安らかに眠れ」の意）。

12 *Ibid.*, p. 66.

母と息子

十二月五日の朝は凍《い》てつくほど寒く、雨が降っていた。ボイコット運動をするには適していない天気だ。みんな、物事がどう展開するか気になっていた。一方には、非常に興奮している者たちがいた。

その一人がマーティン・ルーサー・キング。市全体に働きかける行動に出るのは、彼にとって初めてのことだった。この一日が失敗に終われば、みんなに見捨てられるのは確実だった。うってつけのスケープゴートとなり、きっとモンゴメリー市を去らなければならないだろう。そうなった場合、何が自分を待ち受けているかを彼は承知していた。ジョージア州の州都アトランタに引き返し、カリスマ的な牧師である父、マーティン・ルーサー・キング・シニアのもとに戻ることになるのだ。父親のクローンを演じさえすれば、アトランタのような大都市が喜んで彼を迎え入れてくれるにもかかわらず、若かりし頃のキング牧師は父親の影響力から逃れたくて、この小さな町、モンゴメリーに着任したのだった。

他方、ジョー・アン・ギブソン・ロビンソンにとっても、この日の結果がどうなるかはきわめて重要だった。彼女は一か八かの賭けに出ていた。二年近く前から準備していた勝負だった。ボイコット運動の成功を確実にするために、バス乗車賃の十セントと引き換えにバス停で停車するのを承諾した十八台のタクシーに加え、彼女は車を持っているＷＰＣのメンバー全員を集め、遠すぎる地域に住んでいる人びとを運ばせることにしていた。

中間の立場には、クローデット・コルヴィンがいた。彼女の気持ちは苦々しさと希望とに二分されていた。彼女はかつてボイコット運動を夢見たのだが、それでいて、今回の運動が成功したら、その勝利には呑み込みがたい後味が残るだろう。

それからもちろん、市長とその仲間たちがいた。彼らは例によって、ジム・クロウ的なものの根強さを当てにしている。ウィリアム・Ａ・ゲイル市長は、ボイコット運動は一握りの扇動者たちの策動であって、町の黒人市民たちの支持まで獲得することはないと思い込んでいた。彼は疑問も持たずに、モンゴメリー市でそれまで一度もボイコット運動が起こらなかったのは、この町で白人と黒人が申し分なく共存している証拠だと信じていた。バスの乗客たち――彼が想像するには大勢で、さらに彼の意識では、運動推進者たちの暴力の被害者になるであろう人びと――を護るために、警察の護衛隊を準備した。護衛隊の役割は、バスが路線を辿《たど》っていく間じゅう並走することだ。予定されている運動がどんなものなのかに市長がまったく気づいていない証拠だった。この運動の思想的根拠と行動方式は、テロリスト的な過激主義から遠く、それよりも遥かにガンジーの非暴力運動の教えに近いものだったのだから。

さて、朝の六時、キング牧師の家の前を通過するバスの中に、黒人乗客の顔は一つも見えない。半信半疑で、マーティン・ルーサー・キングは車に乗り、市街を一周する。いたるところで同じことが確認できる。どのバスも空っぽだ。まるで地獄をさまよう魂のように、乗る人のいないバス車両が、役立たずの看守に等しい警官二人に護衛されつつ、町のあちらこちらの通りを行き来している。その一方で、何もかもが別のところ、チャーターされたタクシーの中で、歩道上で、また、自家用車の中で展開していた。しかも、バスを護衛する警官たちは、その威嚇的な態度により、どう見ても本来の目的とは逆の効果をもたらしている。ボイコット運動に参加せず、バスに乗るつもりでいた黒人たちを怖がらせてしまっている。彼らにしてみれば、白人警官が一人いるだけでも悪い予兆なのに、二人もいるのだから……。

黒人たちの記憶に、未《いま》だかつてこんなことはなかった。人びとはすれ違いざまに「やったね！」というような顔を見合わせ、それでいて俄《にわ》かには信じがたいと言いたげな視線を交わし、老人も、若者も、金持ちも、貧乏人も、男性も、女性もみんなして、自分たちのボイコット運動の成功に驚いている。ひと言も発せずして、ジム・クロウ的な根性と習慣を抑え込んだのだ。前代未聞のことだった。何百、何千の月曜日を経験してきたが、今回のような月曜日は初めてだった。「彼らがこのようなやり方で一つになったことは未だかつてなかった」[13]と、後年、ジョー・アン・ギブソン・ロビンソンは回顧した。なーんだ、こんなに簡単なことだったんだ。ひと言も発せず、叫び声も上げず、不在を決め込むだけで、力を示し、自己主張をすることができる。みんな、「白人連中が自分たちのバスだと言うんだ。だったら、彼らだけで使えばいいさ！」[14]と思っていた。

午前九時三十分、ローザ・パークスはキング牧師が見たのと同じ状況を確認した上で、夫のレイモンド、E・D・ニクソン、そして彼女の二人の弁護士、フレッド・グレイとチャールズ・ラングフォード（町のもう一人の黒人弁護士）に付き添われて裁判所に向かう。一人の女性と四人の男性。白い襟の黒のワンピースにグレーのコートを羽織り、白い手袋、ビロードの黒い帽子、小さなハンドバッグ、メタルフレームの眼鏡、まっすぐで控えめな眼差し。ローザ・パークスは、社会的にきちんとした人のイメージそのものだ。大ぶりのコートを着ているせいで、小柄さが際立つ。男性たちの傍にいるのでいかにも華奢《きゃしゃ》だという感じがする。ローザ・パークスは、世の中はこうあるべしというイメージにフィットしている。つまり、女性たちは小さくてひ弱で、男性たちは大きくて強いという、そこからはみ出さないほうがいいという規範のイメージだ。彼らの写っている写真にジョー・アン・ギブソン・ロビンソンはいない。クローデット・コルヴィンもいない。歴史は彼女たち抜きで書かれたけれども、

13 Jo Ann Gibson Robinson, *The Montgomery Bus Boycott and the Women Who Started It*, *op. cit.*, p. 61.

14 *Ibid.*, p. 60.

彼女たちの大胆さと、彼女たち独特のビジョンこそがこの日一日のトーンを決めたのだった。ローザ・パークスを支持しに来た五百人もの人びとが、裁判所の前で待ち構えていた。群衆の中、ある女性が彼女を見て、「まあ、なんて可愛らしい人なの！ 彼らは攻撃する相手を間違えたわね[15]」と叫んだ。ローザ・パークスはまっすぐに、決然とした足取りで前へ進む。のちに彼女は当時を振り返り、「自分がどうすべきか分かっていました[16]」と語っている。裁判はきっちり五分で終了した。バス運転手のジェームズ・ブレイクが主たる証人だった。もう一人、白人女性が証言台に立ち、事件の日にはバスの奥に空席があったのに、ローザ・パークスはそこに座るのを拒否したと述べた。もちろんこの証言は嘘だったけれども、この裁判では、嘘かどうかはまったく問題でなかった。見せかけだけの裁判になるだろうことを見越し、弁護士たちは初めから、当事者自身には証言させないことに決めていた。クローデット・コルヴィンと同じようにローザ・パークスは無実を主張し、クローデット・コルヴィンのケースと同じように、判事は彼女に有罪判決を下した。判決の根拠として提示されたのは、バスの運転手たちに全権を与えるアラバマ州の法律だったが、本来なら、モンゴメリー市の行政命令にもとづいて、つまり、空いている席が一つもなかった場合には席を譲らない者を違反者とは見なし得ないとする行政命令にもとづいて判断されるべきだった。けれども、誰がそんなことを気にかけるものか。ローザ・パークスの弁護士たちは、こうなることを予見していた。クローデット・コルヴィンの件ですでに経験済みだったし、第一、彼らはこの有罪判決に賭けていた。有罪判決こそが、ボイコット運動に、その先の運動により大きな力を与えてくれるだろうと期待していたのだ。

さて、その日の夜、五千人以上の人びとがホルト・ストリート・バプテスト派教会に集まりました。最も貧しい黒人街、つまりは白人たちから遠く離れた場所に所在するものの、町でいちばん大きな教会です。バルコニーや、付属聖堂や、さらには屋外、スピーチを中継するスピーカーの下にも、人びとが密集しています。教会の前でひしめき合うこの群衆の中に、もしかするとあなたもいるのかもしれませんね。隣接した通りの渋滞に巻き込まれでもしていない限り、きっといますね。あなたを探し、見つけました。あなたは熱に浮かされたような、興奮した様子で、泣きたくて、笑いたくて、この日が永遠に続いてほしいと願っています。Free at last、ついに自由。この気持ち、分かりますか。十二月のこの月曜日は人びとの心を真夏の夜のように熱くしました。あなたもこの熱を感じるでしょうか。

15 Rosa Parks with Jim Haskins, *Rosa Parks: My story*, *op. cit.*, p. 133.（前掲訳書、一五〇頁。この引用箇所の訳文には若干の変更を加えた）

16 *Ibid.*, p. 132.（同上、一五〇頁。この引用箇所の訳文には若干の変更を加えた）

マーティン・ルーサー・キングが、ボルテージの上がった人びとの待つホールの正面へと進んでいく。彼の教会に通っている信者たちを別にすれば、この場にいる人びとにとって、彼は見知らぬ人物、新参の一牧師にすぎない。このときのマーティン・ルーサー・キングは、まだあのマーティン・ルーサー・キングになっていない。人びとは彼を観察した。たしかに堂々としているが、まだ若い。リーダーになるには若すぎるかもしれない。彼が話し出した。その声はしっかりしていて、重々しく、力強かった。

「先日、正確にいえばこの前の木曜日、モンゴメリーの市民のうちでも最良の一人が……」

「アーメン」と、緊迫した面持ちで彼の言葉に耳を傾ける群衆が言う。

「モンゴメリーの黒人市民のうちの最良の一人だというのではない……」

「そうではない」と群衆が言う。

「そうではなくて、モンゴメリーの全市民のうちで最良の一人の女性が、バスから追い出され、監獄に連れて行かれました。逮捕されたのです。彼女が白人に自分の席を譲るのを拒んだからでした」

　牧師は一呼吸置いた。モンゴメリー市の黒人であるあなた方は、彼の言うことをひと言も聞き漏らすまいと耳を傾けています。モンゴメリー市の黒人であるあなた方は、あなた方の熱情、しびれるような高揚感、みんなと一体になりたいという願望によって、十二月の寒気《かんき》を燃え盛る炎に変え、若き日のキング牧師をあのマーティン・ルーサー・キングに変化させます。


「ローザ・パークスさんは善良な人です」

「本当にそうだ」と群衆が叫ぶ。

「それに、いずれこういう日が来ると決まっていた以上、わたしは今回のことがパークスさんのような人に起こったのを嬉しく思います。彼女の比類なくも限りない清廉潔白さを疑うことなど誰にもできないのですから」

「確かにそうだ」と群衆が言う。

「誰ひとり、彼女の魂の高潔さを疑い得る者はいません……。誰ひとり、キリスト教徒としての彼女の献身と、イエス・キリストの教えへの深い信心を疑うことなどできません。そしてわたしが特に嬉しいのは、今回のことが、いずれ起こると決まっていた以上、共同体の中の不穏分子だと責めることなど誰にもできない人にそれが起こったという点です。パークスさんは疑問の余地のない、立派なキリスト教徒です。とりわけ、彼女には清廉さと勇気があります。ところが、彼女が逮捕されたのは、単にバスの中で席を空けるのを拒否したというだけの理由からだったのです」

「そのとおりだ」と信者たちが叫ぶ。

聞こえていますか？　キング牧師は今、一九五〇年代アラバマ州の黒人であるあなた方が何にもまして言ってほしいと切望していることを言っているのです。彼は、この女性こそがあなた方にほかならないと、この立派さ、この魂の高潔さ、この不滅の強さこそがあなた方の姿だと言っているのです。聞こえていますか？　彼はこう言っています。わたしたちは誠実なキリスト教徒であり、未開人でも、役立たずでもないし、わたしたちはジム・クロウではなく、精神の錯乱したマリオネットよろしく飛び跳ねることはもはやないのだと。彼は、ついに時は来たれりと告げ、「民は抑圧という鉄の靴底で踏みつけられるのにうんざりしている」と言い、「底知れぬほどの屈辱」について、悲嘆について語っています。あなた方のことを高潔であると、惚れ惚れすると、しかも、あなた方の大義はそれ以上だと言っています。あなた方は単なるひとつの色ではない、そうではなくて、アメリカそのものなのだ、模範的社会なのだと、アメリカン・ウェイ・オブ・ライフの中に自分の居場所があると言っています。

お分かりですか？　クローデット・コルヴィンの名前はこの集会の間に、一度も口にされなかったけれども、その影はひとつの脅威として、キング牧師の言葉の一つひとつに漂っていました。彼が「わたしは今回のことがパークスさんのような人に起こったのを嬉しく思います……」「共同体の中の不穏分子だと責めることなど誰にもできない人……」「パークスさんは疑問の余地のない、立派なキリスト教徒です……」と言ったのは、遠回しにクローデットはそうではないと述べているのに等しく、ローザ・パークスの資質をもし別の人が具えていたら、モンゴメリー市の黒人たちはその人のあとに続いただろうという考えを導入したのです。お分かりですか？　つまり彼は、ローザ・パークスはクローデット・コルヴィンではないと言ったのです。なぜならローザ・パークスは疑問の余地なく立派な被害者で、その意味で彼女はすべての黒人の代表なのだから、と言ったのです。彼女は人びとに差し出された鏡、汚れも陰もない反射です。彼女は彼女を支持する者たちに、自分たちの本来の価値を自覚させます。彼女は bigger than life、人生よりも大きな存在です。個別独特の存在でありながら、同時に、普遍的な存在なのです。

もしすべてが一九五四年以前に起こっていたら、今日の街路や、公園や、図書館にコルヴィンという名前が与えられていたかもしれません。彼女の栄光を讃える記念日があったかもしれないし、彼女は世界の偉人たちと握手していたかもしれない。けれども一九五四年五月を境に、つまり、学校での人種隔離を違法とする判決が出てからは、物事がずっと複雑になり、いまや社会的にきちんとしたイメージを具えているかどうかが事の要《かなめ》となりました。というのは、その判決以降、クー・クラックス・クランと、そのほかの白人至上主義者の小集団によるプロパガンダの激しさが倍増したからです。人種隔離の終焉は必ずやとんでもない騒乱の始まりを告げるだろうと、誰もが予測し、喧伝しました。社会の箍《たが》が外れるのを見る日が近いという脅迫観念は、南部の白人たちの間で大きな反響を生み、乾いた木に点いた火のように燃え盛りました。

学校での人種隔離を違法とする最高裁判決が出てから数日後、ミシシッピ州判事のトーマス・P・ブラディが「ブラック・マンデー」と題する宣言書を公表しました。彼はその中で法律家たちに対し、可能なすべての手段を用いて人種隔離を保全しようとする団体の設立を呼びかけました。かくして、白人市民たちの評議会としてWCC（White Citizens' Councils）が設立され、黒人たちの団体、NAACPに対抗することになったのです。わずか六カ月で、WCCはミシシッピ州内だけでも二万五千人のメンバーを集めました。それがその翌年には八万人近くになりました。アメリカ南部全体では二十五万人を数えました。モンゴメリー市長も含め、多くの首長たち、上院議員たち、判事たちがWCCの運動への連帯と支持を表明しました。あたかも、彼らにとってWCCが公式な「連邦政府に対する南部の不信の代弁者[17]」であるかのように——。

メンバーを増やすべく、WCCの言説は性的パラノイアを支えにしました。狙いを定められたのは白人と黒人の間の混血でした。これは究極の風俗紊乱《びんらん》と思われていたのです。彼らの集会では、黒人はそもそも道徳観念のない存在で、「神聖な」結婚制度を無視し、ふだんから乱交に淫している者として表象されていました。黒人女性は粗暴で、婚外の妊娠を連発するかのように描写され、黒人男性は無責任かつ性欲過剰で、すべての白人女性をレイプしたいという性的幻想を隠し持っているかのように語られていました。アラバマ州の上院議員でＷＣＣ支持者のウォルター・ギヴァンによれば、人種隔離の終了は単に、「われわれの白人女性たちの寝室のドアを黒人の男たちに開放する[18]」のを狙った策略にほかならないのでした。

お気づきでしょうか。社会に危険が迫っていると思うと、人びとはいつも女性を「われわれの」女性と言い、まるで彼女たちが共同体に所属しているかのように、動産であるかのように語ります。こうした場合、「われわれの」男性とは絶対に言いません。というのは、男性の場合には、個人が本人以外の誰のものでもないということが当然視されているからです。また、黒人女性の寝室に白人男性が入っても、それは脅威ではないと了解済みだからです。ルイジアナ州の政治家、レアンダー・ペレス判事の言葉を引いておきましょう。「ニグロに白人たちと同等だと信じ込ませたら、そいつが最初に欲しがるのは白人女性だ。それだからこんなに多くの攻撃やレイプが起こっているのだ[19]」。ＱＥＤ〔「証明終わり」の意〕。

17 Danielle L. McGuire, *At the Dark End of the Street*, New York, Vintage Books, 2010, p. 94.
18 *Ibid.*, p. 140.
19 *Ibid.*

話を法廷に戻そう。モンゴメリー市陣営は、バスの座席配置の規則の変更に消極的であることを正当化するために、さまざまな論拠を挙げた。その中には、座席の角度が黒人男性と白人女性の膝の接触を生じさせ得るという懸念事項もあった。黒人男性たちの不安定で変態的な性格を考えれば、膝が触れるだけでもレイプの誘発になるだろう、というのだった。

　状況がこんなふうだったから、黒人リーダーたちの見地に立てば、犠牲者には苦しんでいるという事実だけでなく、非の打ち所のない人物というイメージが不可欠だった。その意味でパーフェクトな犠牲者が現れ、その模範的な人生をもって、白人至上主義的な図式に矛盾を突きつける必要があったのだ。その人物は結婚していて、神を信じ、質素に暮らしつつも貧乏ではなく、黒人でありながらも肌の色がそれほど黒くなく、女性でありながらも女性らしすぎない人物でなければいけない。まさにこの事情ゆえに、四十代のローザ・パークスがその時代のヒロインとなった一方、クローデット・コルヴィンはすでに過去の存在となっていた。クローデット・コルヴィンの登場は早すぎたというより、むしろ遅すぎたのだ。ＮＡＡＣＰと市の黒人リーダーたち全員がしっかりとガートルード・パーキンスに連帯した、あの時代ではもはやなかった。当時の彼らは、ガートルード・パーキンスが貧困生活を送っていたこと、はぐれものの人生を送っていたこと、そして三人の子供を抱えていることでひるみはしなかった。白人警官たちにレイプされた女性の尊厳を擁護することが重要で、その女性が人生でどういう選択をしてきたかは関係なかった。けれども今では、どんな闘いをする場合でも道徳的な保証を提示する必要があり、その上で、差し障りのありそうなことはすべて抹消されていなければならない。だからこそ、ローザ・パークスの活動家としての過去も歴史から消し去られ、そこに生じた空白に、脚に疲労感のたまった謙虚なお針子のイメージが収まったのだった。この脚こそが、ローザ・パークスのローザ・パークスへの変容を完遂するディテールだ。キリスト教的な響きを持ち、彼女の行動を精神の領域から外に出して、身体的な行為に、無垢な行為に、殉教者的な行動にするディテールだ。彼女自身、どうして自分の脚が拒否の態度の引き金とされたのか分からなかった。彼女はのちに、次のように述べている。「脚が痛かったとは、わたしは誰にも一度も言っていません。それは勝手に言い触らされてしまったことなのです。バスの中で席を譲るのを拒否したわたしの態度について、ひどい扱いは受けたくないというそのときのわたしの気持ち以外に、人びとは別の理由を与えたかったのではないかと思います[20]」。

マーティン・ルーサー・キングがスピーチしたあと、ローザ・パークスはもう一人の指導者、フレンチ牧師に付き添われて前に出た。牧師の役目は群衆に彼女を紹介することだった。

20 Jeanne Theoharis, *Want to Start a Revolution?: Radical Women in the Black Freedom Struggle*, edited by Dayo F. Gore, Jeanne Theoharis and Komozi Woodard, New York, New York University Press, 2009, p. 124.

彼女が自分も何か話すべきですかと牧師に尋ねると、相手は「あなたはすでに十分に語り、務めを果たしました。話す必要はありません」と答えた。これぞまさに、ユーモアはどこにでも忍び込めるという証拠だ。というのも、そのときにいたるまで、たしかにローザ・パークスは十分なことをしたが、その一方で、彼女はほとんど何も語っていなかったのだから。逮捕されて以来、新聞雑誌に何の声明も発していないし、自分の裁判においても証言さえしていない。第一、人びとは彼女の声音をほとんど知らない。彼女が裁判所に出頭した日、フレッド・グレイ弁護士の事務所に立ち寄って一人でいたときのこと、ジャーナリストたちからの電話に出ると、秘書だと勘違いされ、ローザ・パークスさんにできるだけ急いで折り返しの電話をするよう伝えてくれと頼まれてしまったほどだ。

フレンチ牧師が前に出てこう言った。「わたしの役目は、けっして簡単なことではないのですけれども、このたびの計り知れない不公平の犠牲者をみなさんにご紹介することです」。ローザ・パークスは拍手喝采を浴びつつホールに入場したが、彼女の口からはどんな言葉も発せられなかった。このとき、彼女の運命は封印された——あらゆる意味において。のちに、ある牧師がこう語っている。「ローザ・パークスさんを集会で紹介することにしたのは、彼女にわたしたちの抗議運動の象徴になってほしかったからです[21]」。一夜にして、ローザ・パークスは変貌を遂げた。彼女はひとつの「顔」になり、マーティン・ルーサー・キングはその「声」となった。いまや彼女は公民権運動の〝母〟、静かで思いやりのある、控えめで健《けな》気《げ》な〝母〟だ。マーティン・ルーサー・キングはその〝息子〟で、〝聖霊〟でもある。

その夜、人びとは徳の人でもあるパークス女史を支持し、全員一致でボイコット運動の延長を決めた。そうして、当初は二十四時間だけのはずだったボイコット運動がなんと三百八十一日続くことになった。同じ夜に、ＭＩＡ（Montgomery Improvement Association モンゴメリー改善協会）の設立が決まった。この協会はそののち、ボイコット運動を担い、白人至上主義者たちが事あるたびにＮＡＡＣＰを北軍派で共産主義の組織であるかのように吹聴する——これは冷戦真っただ中の時代には効果的な主張だった——のに対し、その攻撃を早めに食い止める役目を果たすことになった。

ローザ・パークスもジョー・アン・ギブソン・ロビンソンも、ＭＩＡの組織図に名前を記されていないだけでなく、会議に招待すらされなかった。ＭＩＡのトップはマーティン・ルーサー・キング。財務責任者はＥ・Ｄ・ニクソン。法務責任者はフレッド・グレイ……。執行委員会の二十五名のうち、女性は一人だけだ。その女性はＷＰＣメンバーのエルナ・ダンギーで、協会の会計係に任命されていた。表立って目立つのは男性ばかりだが、ボイコット運動の日常的運営はジョー・アン・ギブソン・ロビンソンの業績だ。彼女はＷＰＣのメンバ

21 Danielle L. McGuire, *At the Dark End of the Street, op. cit.*, p. 107.

ーたちを実務ポストに就け（ある者はマーティン・ルーサー・キングの個人秘書に、また別の者は経理担当にという具合に――）、すべての戦略会議を自宅で開催し、諸情報を載せるＭＩＡ会報の編集・発行や、後方支援としての移動手段の手配を指揮した。

女性たちはふたたび目立たない、隠れた存在になった。ただ、早くも一九五六年一月には、ある歴史学者が次のように述べていた。「公衆はキング牧師をずば抜けた『ザ・リーダー』であるかのように認知しているが、ロビンソン女史も同等に重要な人物ではないかと思う」[22]と。また、のちにフレッド・グレイが自伝の中でこう書いている。「ジョー・アンがどれほどのことを成し遂げたかを、そしてモンゴメリー在住のアメリカ黒人たちの生活の改善にどれほど大きな役割を果たしたかを具体的に知っている人はほとんどいない[23]……」と。

では、あなたはどうでしょうか。キング牧師の演説を聴きにきた群衆のうちの一人として、あなたは、ただ一つの呼吸、ただ一つの身体、全員とユニゾンで鼓動するただ一つの心臓で、〝母〟と〝息子〟を、ローザ・パークスとマーティン・ルーサー・キングを誕生させ、彼らの偉大さと徳の源泉に自らの心を浸しました。この〝母〟とこの〝息子〟を通して、あなたは夢の世界に入り、いっとき、現実とは別の存在になりました。「アメリカの黒人」ではなく、パーフェクトな、非の打ち所のない、締め出されることのない「アメリカ人」になったのです。それでは、一歩後ろに下がり、輪の外に出て、遠ざかってみてください。もう一歩。

さらにもう一歩……。では、集まっている人びとを見てください。彼らの声を聞いてください。遠ざかるにつれて、形と音が不明確になっていきます。しかし、彼らと一体になりたいという気持ちがどんどん強くなりますね。苦しいぐらいに強くなる。いうまでもなく、物事が展開するのは、それがどんな展開であれ、あちらでです。あなたのいる所で、ではありません。もちろん、そうなのです。十二月の酷寒の日です。吸い込む空気までも、痛く感じられますね。彼らを見て、そして自分を見てください。自分の手、自分の顔、自分の意に反して伸びをする身体を見てください。あなたは集会に参加することのない、あの黒人のティーンエイジャーです。かつてはアメリカ大陸と同じぐらい大きな夢を抱いていたのに、いまや自分を置いてきぼりで世界が回るのを見ている若い娘、クローデット・コルヴィンです。あなたは自分の正しいと思ったことをして、試練を一つ、また一つと経験し、心と魂に傷を作りました。本来なら、この物語はどこからどう見ても、あなたの物語となるはずでした。けれども、この夜は単なる始まりにすぎません。少しずつ、あなたを端に追いやったままにするだけでなく、あなたを作り直すメカニズムが動き出します。あなたは、自分という存在は自分だけのものだと思っていたけれど、ローザ・パークスおよびマーティン・ルーサー・キ

22 *Ibid.*, p. 110.
23 Fred Gray, *Bus Ride to Justice*, *op. cit.*, p. 40.

ングと同様に、〝歴史〟の一要素に、パズルの一ピースになってしまった。そして今日、ローザ・パークスの脚を指さして、これこそすべての原因だと言い放った最初の人物が誰だったかをもはや誰も知らないとしても、わたしは最初の語り手を見つけ出したいと思います。いわば、その男性、または女性が、大規模な流行病《はやりやまい》の場合にたとえて言えば、ウイルスを最初に拡散したのですから。その男性、または女性によって、生身のクローデット・コルヴィンが物語上のクローデット・コルヴィンになったのですから。

公式の〝歴史〟によれば……

クローデット・コルヴィンについて調べてみると、あなたは次のような情報を得るでしょう。公式の〝歴史〟によれば、クローデット・コルヴィンは、既婚の白人男性の子供を妊娠したために公民権運動から追い出されたのです。一部の記事は、彼女がいわゆる「男の子みたいな女の子」で、気が強く、生意気な話し方をする子だったとも付け加えています。こうして、規範から外れた人物、反抗的で、ふつうでなく、道徳と世間体を超えて自分と仲間の諸権利を主張しようと決心している、そんなティーンエイジャーの像ができ上がるのです。彼女は自由で、反順応主義的な先駆者のような存在で、社会に問題を提起し、そのことで高い代価を支払ったとされています。公式の〝歴史〟から見ると、クローデット・コルヴィンを定義するのは彼女の脚ではなく、お腹です。姦通のお腹であり、混血のお腹だから、容認できないものとして扱われました。けれども、もしその〝歴史〟が正しいなら、あなたがこのページにいたるまで読んできたことはすべて誤りで、クローデット・コルヴィンの語りは丸ごと作り話、フィクションだということになります。でも、考えてみれば、そういうこともあり得るのではないでしょうか。

　仮にあなたが五十年後に自分の人生を語ることになったら、どんなことを語りますか。あなたの語りは現実を正確に反映するでしょうか。いくつかの面を変更する欲求または願望を、あなたは抱くのではないでしょうか。自分について客観的に語れる人がいるでしょうか。たとえばあなたは、ある特定のディテールは自分の特徴なので注目してほしいと思うかもしれない。あなたがある人物の横を何も言わずに通り過ぎたという、何でもないエピソードに注目してほしいと思うかもしれない。あなたはその人に話しかけることもできたはずです。あなたにとってはどうでもよい二、三のフレーズを投げかけ、それからたちまち何を言ったか忘れてしまうこともあり得たでしょう。また、自分が（たとえば）左へ進むべきときに（たとえば）右に曲がってしまったあのときのことを憶えていますか。あのときそうしたのには、果たしてちゃんとした理由があったのですか。誰がそれを証拠立ててくれるのでしょう。どれだけの数の人が、あなたが自分ではそうであると思っていることを、あなたがそう言った、またはそうしたと思っていることを、述べてくれるのでしょうか。いったいどれだけの数の人が？　あなたの人生と、ある他者の物語の中に含まれているあなたの人生との差異、それは、後者の人生がもはやあなたに属していないということ、あなたの自由にはならないということです。

　どこからリアルが始まるのか。どこからフィクションがスタートするのか。フィクションのスタート地点はどこなのか？　クローデット・コルヴィンの記憶は、彼女が逮捕されて以降、彼女に関する風説を作り上げてきた新聞記事や、本や、報告書と食い違っています。すべてがちぐはぐで、何も整合しません。息子の出生日までも漠然としています。みんなが言うには、その息子は一九五五年十二月生まれなのですが、彼女によれば、息子が生まれたのは一九五六年三月なのです。みんなが言うには、その息子は白人の子供なのですが、彼女によれば、肌の色のとても明るい混血の男性の子供なのです。ローザ・パークスが自伝で語っているように、この若い娘が闘いのシンボルになる準備はすべて整っていました。E・D・ニクソンが彼女の家を訪ねるまでは――。

　クローデットの家を訪問した折、E・D・ニクソンは彼女が妊娠しているだけでなく、その上、結婚もしていないことを知りました。この場面を想像してください。E・D・ニクソンが貧民街キング・ヒルのコルヴィン家に到着すると、クローデットの母親は彼を家に入れるのをいったん拒み、そのあとでドアを少し開けました。その隙間から中を見て、彼はクローデット・コルヴィンの腹部に気づきました。妊娠三、四カ月か……。ローザ・パークスが当時を振り返ってこう書いています。「……訴訟の話は終わりになってしまいました。あの情報が白人記者たちの手に渡ったら、大騒ぎになったことでしょう。彼らはクローデットを不良娘呼ばわりし、彼女の申し立ては勝ち目がないものになったことでしょう[24]」。そして次のように付け加えています。「結局、それ以上時間と労力とお金を使う前に、もっと適切な告訴人が出てくるのを待つことにしました[25]」。

　では、ローザ・パークスとＥ・Ｄ・ニクソンにしたがって、クローデット・コルヴィンの妊娠がすべてを決定した理由だと認めてみましょう。クローデット・コルヴィンの息子が本当に十二月生まれだったとしてみましょう。その場合、彼女が三月時点ですでに妊娠していたと推測できます。ところが、Ｅ・Ｄ・ニクソンが彼女のお腹を目にすることができたとしたら、それはきっと彼女の最初の公判、つまり三月十八日の公判のあとだったに違いありません。だとすれば、そのときに先立って、彼女を逮捕した警官たちを含め、誰もが彼女の妊娠に気づけたはずで、その事実が間違いなく法廷で利用されただろうと想像できます。この想定は、弁護士のフレッド・グレイや、ジョー・アン・ギブソン・ロビンソンや、ローザ・

24 Rosa Parks with Jim Haskins, *Rosa Parks: My Story, op. cit.*, p. 112.（前掲訳書、一二六〜一二七頁）
25 *Ibid.*（同上、一二七頁。この引用箇所の訳文には若干の変更を加えた）

パークスがあれほどの熱意と希望をもって行動を起こしたこととむしろ矛盾します。その上、もしクローデット・コルヴィンが事件発生時に明らかに妊娠している様子だったら、高校生でいることができなかったはずです。学校が退学処分を下していたでしょうから。このことを踏まえて考えると、E・D・ニクソンがクローデットの家を訪れたのは必然的に、彼女の最初の裁判と控訴審の間、すなわち一九五五年三月十八日と同年五月六日の間か、あるいは控訴審のあとか、ということになります。しかし控訴審のあとになると、クローデットの事件はもはや争点を失ってしまっていました。すべてがすでに終わっているというのに、E・D・ニクソンが彼女に会いに行くとは考えにくい。残るは、一九五五年の三月と五月の間の時期です。けれどもその場合には、まず間違いなく、フレッド・グレイ弁護士は彼女に控訴を勧めなかったでしょう。有罪判決が出ることがあらかじめ分かっていたはずですから。事件を近くで追っていたジョー・アン・ギブソン・ロビンソンもそう気づいていたはずです。ところが、この二人の自伝の中に、そのエピソードの痕跡がいっさい見当たらないのです。

　これとまったく同じ特徴を示す、別の話があります。一九五五年十月二十一日、クローデット・コルヴィンの事件の七カ月後、ローザ・パークスの事件の一カ月半前、別の若い娘、当時十八歳の学生だったメアリー・ルイーズ・スミスがバスの中で自分の席を譲るのを拒否しました。モンゴメリー市に生まれ、十五歳で母親を亡くしたメアリー・ルイーズ・スミスは、子供が六人いる家族の三番目の子供でした。父親のフランク・スミスは、子供たちを養っていくために二つの職に就いていました。スミス一家は全員、モンゴメリー市のワシントン・パークという、キング・ヒルに似たタイプの貧民街に住んでいました。メアリー・ルイーズ・スミスの逮捕時には、時間がなくて事件の話が広がりませんでした。彼女自身が容疑を認め、父親がただちに罰金を支払ったからです。ところが、しばらくして、この事件が再浮上しました。メアリー・ルイーズの従兄弟《いとこ》の一人が、ＮＡＡＣＰの幹部たちの出席する会議で彼女の逮捕のことを話したのです。Ｅ・Ｄ・ニクソンが早速、メアリー・ルイーズ・スミスとその家族との会談をセッティングしました。しかし彼は会談のあと、彼女もやはりボイコット運動の旗印になることはできないと結論しました。このケースにおいて問題だったのは、若い娘ではなく父親でした。Ｅ・Ｄ・ニクソンが目にしたその父親は、「彼らのみすぼらしい掘っ立て小屋[26]」の前で「裸足で玄関の階段に座り、酔っ払っていた[27]」らしいのです。ローザ・パークスの自伝にはこう書かれています。メアリー・ルイーズ・スミスの件は「ニクソン氏に裁判に持ち込んでもらうには、確かにあまりいいケースではありませんでした[28]」と。まあ、ひとまず彼らの主張を認めてもよいでしょう。けれども、次のような事実があり

26 Marisa Chappell, Jenny Hutchinson and Brian Ward, *Gender and the Civil Rights Movement*, edited by Peter J. Ling and Sharon Monteith, New Brunswick, New Jersey, Rutgers University Press, 2004, p. 86.

27 *Ibid.*, p. 85.

ます。あるジャーナリストが一九九五年にメアリー・ルイーズ・スミスを訪ね、「ボイコット運動から四十年」というテーマで記事を書くためにインタビューをしたときのことです。メアリー・ルイーズは、そのジャーナリストから聞いて初めて、いっときは自分が運動をスタートさせるきっかけとして検討されていたことを知りました。しかも、いっそう驚くべきことに、自分の知らないうちにおこなわれた道徳性に関する調査の結果、父親がアルコール依存症と宣言されていたことをそのとき初めて知ったのです。実際には、父親に飲酒癖はなかったのに――。その上、スミス一家は報告されたような掘っ立て小屋で暮らしたことは一度もなく、二階建ての家に住んでいました。そういうわけで、メアリー・ルイーズ・スミスは四十年経って初めて、この伝承の中で自分がどのように扱われていたかを知ったのです。

未婚の母、アルコール依存症患者の娘、そしてこの二つのいずれのケースにおいても中心にE・D・ニクソンがいて、彼が魔女たちと聖女たちの作り手でした。よく考えてみた上で、〝歴史〟がクローデット・コルヴィンの息子を十二月に誕生させたことと、同じ時期にローザ・パークスの評判が上昇したこととの間に、わたしは物語的な平行関係を見出します。一人が上昇するとき、もう一人は失墜する。そう、シンプルで、明確で、間違いがなく、聖書的でもありますね。上昇の物語には、下降する女たち、ふしだらな女たちが欠かせません。ある話をいい話だな、本当らしく感じられる話だなと思わせてくれるすべての要素が揃い、さらにそこに、その話の伝説化に役立つちょっとした補足的要素も加わると、そのとき初めてスペクタクルが始まるのです。ローザ・パークスが自伝にこう書いています。「私には前科がありませんでした。私はずっと働いてきました。私生児を身籠ったりもしていませんでした。白人に後ろ指を差され、『ああいう扱いを受けても当然だ』と言われるようなことは何もしていませんでした。黒人に生まれたということ以外には、何もしていなかったのです」[29]。当時行動した人びと全員の意見が、次の点で一致します。ローザ・パークスは何が起こっても大丈夫といえる、ただ一人の人物でした。一方、「選ばれし人」がクローデット・コルヴィンだった場合に、何が起こったか、言い当てられる人はいないでしょう。メアリー・ルイーズ・スミスとクローデット・コルヴィンは同じ社会階層の出身であり、おそらくそれが理由で、E・D・ニクソンの目には、彼女たちは十分に「確かな」ケースであるように映らなかったのでしょう。ローザ・パークスは、庶民だったとはいえ、中産階級の人びとの心に届くものを身につけていました。彼らと異ならない外見で、彼らの間の暗黙の約束事を知っていたし、彼らに眉をひそめさせるような交流関係は持っていませんでした。肌の色が明るく、髪もまっすぐで、白人から見て受け入れやすく、黒人たちにとっては羨《うらや》ましい容姿をしていたのです。また、彼女は非の打ち所のない人生を歩んでいたため、彼女の将来に最悪の事態

28 Rosa Parks with Jim Haskins, *Rosa Parks: My Story*, *op. cit.*, p. 112.（前掲訳書、一二七頁）
29 *Ibid.*, p. 125.（前掲訳書、一四三頁）

を予感することは不可能でした。この話の非常に皮肉なところは、一九五七年に、ほかでもないE・D・ニクソンがMIA（モンゴメリー改善協会）の財務責任者のポストを離れた理由が、自分が仲間外れにされたと感じたことにあったという点です。黒々とした肌の色の独学者で、貧しい家庭に育った彼は、高等教育を修了したブルジョワたちの中で自分は邪魔者だという気持ちになったのでしょう。聖女たちの作り手――そのやり方はあまりにも不躾でしたが――は十分に「中産階級的」ではないと判断され、楽園から追放されたわけです。傷心の彼はマーティン・ルーサー・キングに宛てた手紙に次のように書いていました。「MIAでわたしは新米扱いされている気がする。わたしは夢を抱き、希望を持って、一九三二年からずっと自分の仕事に邁進してきたのですから、子供扱いされるのは心外です[30]」。

「くたばれ、ニグロ女」という罵声

この章に入ると、勇敢な者たちの姿が見えてきます。ここでは屈服するか、服従をやめるかの二択です。ここでは、包囲され、ダイナマイトを仕掛けられた身体が、重装備を施された心臓が、決心した魂が、〝歴史〟をぐいと動かします。この時点、一九五六年の初めに、いったんは片道切符で産みの親のもとへ行ったクローデット・コルヴィンが、改めてモンゴメリー市に戻ろうと決意したのです。なぜなら、すべてがモンゴメリー市で起こっているのですから。あの町ですべてが始まり、まだ何も終わっていない。これまで歩いてきた者は、なおも歩き続けます。憎悪や、恐怖や、軽蔑の上を、爆弾と叫び声の下を、中傷の氾濫や侮辱の大海の中を——。

「くたばれ、ニグロ女、くたばれ！」と叫ぶ匿名の声が、ローザ・パークスの受話器から毎日聞こえてくる。彼女はすべての集会、会議、会合に出席し、ボイコット運動の組織化に参加し、自分の顔を、写真家に、カメラマンに、支持者たちに自由に撮らせる。「くたばれ、ニグロ女、くたばれ！」これはイメージの戦争であり、ローザ・パークスは汚れなき旗印。この源泉に〝歴史〟の作り手たちが水を飲みに来る一方、人種隔離主義者たちは唾を吐きに来る。それを埋め合わせるものとしては、陪審団からの勇気づけ、賛辞がすべてだ。受け取る彼女は申し分のない成績をおさめた優等生のごとし。公人ローザ・パークスの人生はこのように進んでいく。しかし、私人ローザ・パークスのほうはというと、もう一人の、本物の、誰にも興味を持たれない、自分自身の存在の舞台裏で生きているこのローザ・パークスは、

30 *The Papers of Martin Luther King, Jr., Vol IV: Symbol of the Movement, January 1957—December 1958*, Berkeley, California, University of California Press, 2000, p. 217.

一九五六年の初めに解雇された。それから少しして、美容師として生真面目に仕事をしていた夫、レイモンドが勤め先の美容院を辞めた。雇用主が、自分の店でローザの名前を口にするなと彼に命じていたのだ。したがって、パークス夫妻には収入源がない。必然的なことではあった。いったい誰がローザ・パークスというヒロインを雇いたいと思うものか。「ヒロインになるのはよいことだけれど、高い代償がつく」[31]と、ローザ・パークスの友人、NAACPメンバーで白人活動家のバージニア・デューが、ある手紙に書いている。手紙の宛先は公民権運動団体の有力メンバーの一人だ。彼女はその相手に、ヒロインのローザ・パークスに給料を出してくれるようお願いしたわけだ。けれども、彼女が受け取った返事は次の言葉だけだった。「正しいことをするのは、必ずしもいちばん単純なことではない」[32]。たしかに、そのとおり。一日一日が更新され続ける試練である。ローザ女史にとっても、また、あなたにとっても。

さて、バスをボイコットし、歩くと決めたみなさん、わたしはあなた方が道路や、通りや、大通りに沿って、しっかりした足取りで、感覚を研ぎ澄ませて歩を進めているのを見ています。歩くと決めたみなさん、あなた方が侮辱の言葉や、水や尿をいっぱいに含んだ風船や、腐った卵を投げつけられ、殴る、蹴るの扱いを受けているのが見えます。背後に、じめじめした群衆の存在を感じますか？　白人の若者たちが、溶鉱炉の鉄のように熱くなっています。

彼らを興奮させているのは、白人至上主義団体WCCの演説やチラシです。「WCCに来たれ。白人限定だ。手遅れになる前に、アラバマ州の人種隔離を維持する手助けを求む[33]」「われわれの家が火事になっている、いまや目覚めなければ！[34]」。彼らが近づいてきます。逃げる印象を与えずに、歩を速めなければなりません。ジャンプし、走り、フェイントをかける準備をしなければなりません。彼らは口を開けば脅迫の言葉を吐き、手には石や、野菜や、縄を持っている。歩いていくあなたは、投げ縄で捕まえられた動物のように、言うことを聞かない雄牛のように扱われても、嘲笑や嫌みを浴びせられても、自分の人間性を土台にして、そこにしっかりと立ち続けなければなりません。

白人至上主義者たちが、マーティン・ルーサー・キングとE・D・ニクソンの家のポーチにダイナマイトの雨を降らせる。ジョー・アン・ギブソン・ロビンソンの家の窓が粉々に飛

31 Jeanne Theoharis, *Want to Start a Revolution?: Radical Women in the Black Freedom Struggle, op. cit.*, p. 126.
32 *Ibid.*
33 Jo Ann Gibson Robinson, *The Montgomery Bus Boycott and the Women Who Started It, op. cit.*, p. 110.
34 Troy Jackson, *Becoming King: Martin Luther King Jr. and the Making of a National Leader*, Lexington, The University Press of Kentucky, 2008, p. 82.

び散る。そして、彼女の車は酸を浴びて腐食し、穴だらけになった。近隣の人びとが明言したところによれば、車体を溶かした二人の男は警察の制服を着用していた。これを聞いて驚く者がいるだろうか。その直前には、モンゴメリー市の警察本部長クライド・セラーズが、複数台のカメラの前でWCCに加入した。これはまさに、警察は人種隔離主義者の側の戦力になるという強力で明白なメッセージだった。アメリカ南部の風がうなる。震えろ、ニグロども、震えろ、と。白人至上主義者たちが集合太鼓を打ち鳴らし、南軍旗がかつてのように続々と揚がる。

市長が警察に命令し、ジョー・アン・ギブソン・ロビンソンとWPCの女性たちが導入した車の相乗りシステムを壊しにかかる。システムに協力しているのは、料金引き下げに応じた百台のタクシーに加え、町を縦横に走る二百台の自家用車だ。今後、道路交通法違反者は厳罰に処せられる。実際に違反がなくても、こじつけで違反にされる。肌の色の黒い者は誰であっても、乗り物を運転していたり、乗り物が来るのを待っていたりする印象を与えれば、たちまち調書をとられる。二週間ほどで六十四人が逮捕され、道路交通法に関連する些細な違反で拘禁された。その中にはマーティン・ルーサー・キングも含まれていた。

それでもなお、歩くと決めているみなさん、あなた方は闘いを継続したいと願っています。毎晩、全員一致でボイコット運動の続行を議決します。毎日、道をふたたび歩き始めます。

そうする理由は何でしょうか。あなたはどの陣営に属しているのでしょうか。進歩派と穏健派のどちらでしょうか。一月末まで、ボイコット運動参加者のうちで最も進歩主義的な人びとは、ボイコット運動も従来からよく知られている権利要求の達成手段にすぎないと見なす人びとにブレーキをかけられていました。その権利要求とは、ジョー・アン・ギブソン・ロビンソンが五年前にすでに文書に書いていたものです。百回作成され、百回却下されたその文書は、バスの運転手に対して礼儀正しさを要求し、黒人運転手の雇用や、白人と黒人の座席配分の変更を求めていました。毎度同じ要求内容です。けれども交渉はやはり足踏みし、市長と白人リーダーたちは、あらゆる議論の前提条件としてボイコット運動の中断を求めました。とはいえ、彼らがもっともなこととして受け入れに同意したのは礼儀正しさに関する提案だけでした。

　そしてまたもや、市長が独りで勝手に墓穴を掘りました。想像してみてください。もし彼が譲歩して三つの措置を受け入れていたら、ボイコット運動は終了し、みんながふたたびあのジム・クロウといっしょに踊ることになっていたでしょう。マーティン・ルーサー・キングも伝説の人になることはなく、アラバマ州の有名人というだけにとどまったはずであり、アイゼンハワー大統領〔在位は一九五三〜六一年〕は何が起こっているかをいっさい知らず、モンゴメリーで発生している暴力についてＦＢＩに調査を依頼することもなかったでしょう。アメリカの一般市民たちがキング夫妻を、あの立派で善良な、いつもぱりっとした服を着ている夫妻を知ることも、洗練された態度の素晴らしい女性、ローザ・パークスを知ることもなかったはずです。ところが、ウィリアム・ゲイル市長は最も過激主義的な有権者たちに気に入られたくて、入会者をどんどん増やしているＷＣＣに忠誠を示したくて、黒人たちをいっそう厳しく扱い、憎しみを煽《あお》り、その結果、抗議運動参加者のうちボイコット運動を人種隔離の終わりへの入口と見ていた人びとの前方に、大きな進路を開いてしまったのです。キング夫妻の家で爆弾が爆発した日の翌日、ＭＩＡのリーダーたちは、若き弁護士フレッド・グレイにようやくゴーサインを出しました。人種隔離の廃止を求める訴訟手続きが開始されました。かくして、ボイコット運動と並行する二つ目の戦線が張られました。この戦線は、バスの中の人種隔離が、憲法の修正第十四条、すなわち、すべての市民に平等に法の保護を保障するという条文に矛盾していることの証明を目指す闘いでした。この件をうまく運ぶ上で、控訴審がまだ決着していないローザ・パークスを巻き込むことは不可能なので、彼女のケースと似た状況を経験し、訴訟に身を投じるのを承諾してくれる告訴人たちが必要でした。フレッド・グレイは、ＭＩＡとジョー・アン・ギブソン・ロビンソンにその候補者の選考を任せました。

第三幕

キング・ヒル地区に所在する家の入口の階段を男性が上がってきます。あなたは彼があなたに会いにきたと分かっていますが、それと同時に、彼がノックしても、迎え入れる義務はいっさいないことも分かっています。今あなたはクローデット・コルヴィンであり、十六歳で、妊娠七カ月です。わずか一年にも満たない期間で、あなたは十通りの人生を生きました。反吐《へど》の出るような噂が波打つ海に墜《お》ち、苦汁をなめ尽くし、孤独というものを具体的に理解し、その隅々にまで通じています。孤独はあなたの家、あなたの影、もうひとりのあなた自身です。だから、何の義務もないのです。それでもあなたはドアを開け、その男性を家に入れました。彼はついこの間まであなたの弁護士でしたが、その後一度も連絡をよこさず、近況を尋ねることすらしませんでした。あなたは、訪ねてきた彼とその秘書の女性に椅子を勧めました。秘書は彼の言葉の一つひとつをメモします。あなたは自分の両親を、女性秘書を、そして男性を眺めます。黒のスーツに身を包んだ彼は二十五歳くらい。あなたに一枚嚙んでほしいと思っている行動について話しています。それはつまり、連邦裁判所で証言することです。この前の裁判のとき以上のリスクを背負うということです。あなたはどう応じるでしようか。

いまクローデット・コルヴィンであるあなたは、顔の真ん中に石を食らって病院に運び込まれた男性のニュースも知っていますし、マーティン・ルーサー・キングの家に、内部には彼の妻や娘もいたのに爆弾が投げ込まれたこと、そして玄関がすっかり壊され、応接間の窓が粉々になったことも聞き知っています。あなたはさらに、マーティン・ルーサー・キングの父親——経験豊富で評判の高い牧師——までもがアトランタ州からはるばる息子のところへやってきて、頼むからモンゴメリーから離れてくれと言ったことも知っています。あなたは全部知っているのです。それに、仮にいくつかの要素を聞き逃していたとしても、フレッド・グレイが詳細に語ってくれます。彼はあなたと、そしてもちろん、あなたは未成年なのであなたの両親とが、状況を十分に心得た上で訴訟に参加してくれるよう望んでいます。後年、彼はこう語りました。「わたしは何が起こるかを、彼らがどんな目に遭うかを説明した。電話が何度もかかってきたり、脅迫されたりもするだろう」[35]と。あなたはどう返答するでしょうか。出産してから訴訟の開始までわずか数週間しかないのです。迅速に回復し、強く、毅然とした態度で臨まなければなりません。考えてみてください。あなたはどう返答しますか？

一九五六年二月二日、『モンゴメリー・アドバタイザー』紙に「五人の黒人女性が連邦裁判所で人種隔離法に挑む」と題した記事が掲載された。記事の冒頭の数行はこうだ。「昨日、モンゴメリー在住の五人の黒人女性が告訴状を提出した。アラバマ州とモンゴメリー市の交通機関における人種隔離の法律を憲法違反と宣言するよう求めている」。その下に五人の原告の氏名が記されている。

・オーレリア・ブラウダー。アルファベット順で最初の名前のため、クラスアクション〔アメリカの訴訟制度で、集合代表訴訟とも言う。一部の被害者が全体を代表して訴訟を起こすことを認める制度〕の原告名にはこの名前が採用され、訴訟は「ブラウダー対ゲイル（モンゴメリー市長）」となる。三十七歳。NAACPの活動家で未亡人、六人の子供の母親。昼は婦人服デザイナーとして働き、夜はアラバマ州立大学の授業を受けている。同大学でジョー・アン・ギブソン・ロビンソンと出会い、訴訟に加わるよう彼女に説得された。オーレリア・ブラウダーは、一九五五年四月十九日にバスの中で席を譲るのを拒否したために逮捕されたのである。

・スージー・マクドナルド、七十七歳。逮捕されたのは一九五五年十月十六日。

・メアリー・ルイーズ・スミス、十九歳。逮捕されたのは一九五五年十月二十一日。

・ジャネッタ・リース、六十四歳。

35 Phillip Hoose, *Claudette Colvin: Twice Toward Justice, op. cit.,* p. 84.

・クローデット・コルヴィン、十六歳。彼女は五人の女性の中でただ一人容疑を否認し、すでに訴訟を起こしたことがある。
『モンゴメリー・アドバタイザー』紙の同じページに、昨晩襲撃があり、E・D・ニクソンの家のポーチに大きな穴が開いたと報じる記事がある。新聞のこのページは、一九五六年という年に生じた時間の圧縮を反映している。すべてが加速し、何もかもが以前よりも速く進む。両陣営が駒を進め、勝負は同時に二つのチェスボード上でおこなわれている。片方のチェスボードは目に見えるけれども、もう片方は隠れている。ポーンがひとつ移動するたびに、二倍の、ときには三倍の結果がもたらされる。

記事が出た途端、ジャネッタ・リースが態度を翻《ひるがえ》し、フレッド・グレイを非難した。彼のせいで、自分のあずかり知らない訴訟に巻き込まれたと主張した。青年弁護士は自分の誠意を裏付ける証拠を持っていたのだが、ただちにアラバマ州の司法当局によって、ジャネッタ・リースの同意を得ずに彼女の訴訟を代理すると称したという理由で追及された。市側にとって、弁護士を退場に追い込む素晴らしい方法だった。のちに明らかになったところによれば、ジャネッタ・リースはモンゴメリー警察の高官の家で使用人として働いていて、市長と警察本部長から圧力や脅しを受けていた。

自分たち原告の人数を数えてみてください。あなた方はいまや四人です。開廷日の五月十一日にも自分以外の三人がまだ一緒にいるという保証は何もありません。そのとき弁護士がいるかどうかさえ不確かになってしまいました。彼は不法にジャネッタ・リースの名前を原告リストに入れたと非難されただけでなく、不思議なことに、自分の兵役関連記録を書き換えられ、徴兵を免れたことになっていました。そう、これから先、あなたが確信できる唯一のこと、それは、白人からも、黒人からも、あなたが危険人物視されるということなのです。昔からあなたを知っているジョンソン牧師までもが、あなたの決意が本当に確かなのかどうかを訊くために会いに来ました。ジャネッタ・リースは、あなたより五十歳近くも年上なのに、ほんの数分で諦めたのです。あなたもここでとどまるほうが簡単なのではありませんか？

二週間後、一年前にあなた――クローデット・コルヴィン――を有罪としたカーター判事が大陪審〔事件を起訴するか否かを決定する機関。陪審員は一般市民から選ばれる〕を構成し、九十八人の黒人を起訴した。彼によれば、その黒人たちは一九二一年に制定された「正当で合法な理由」のないボイコット運動を禁ずる法律に違反しているがゆえに有罪なのだった。その黒人たちとは、ローザ・パークス、ジョー・アン・ギブソン・ロビンソン、E・D・ニクソン、フレッド・グレイ、マーティン・ルーサー・キング、そのほか二十三人の聖職者（ジョンソン牧師も含まれていた）、加えて、車の相乗りシステムに参加した運転手たちだった。黒人たちの側では、百人近くもの人間をいっぺんに収監するのは当局者たちにも不可能だろうと見込んで、黙って逮捕されるのを待つよりは、全員同時に自首しに行こうと決まった。人びとが当局者たちをからかっていたのを感じ取らせてくれる物証が現在も残っている。起訴された男女の犯罪者識別用写真だ。彼らはことさらにきちんとした、上品な身なりをしている。その写真を見ると、そこから受ける印象の意味がよりよく分かる。あたかも彼ら黒人たちが演出家であるかのよう、自分たちの見せたいものを自由に選ぶ権利を持っていたかのようなのだ。

一九五六年三月、あなた——クローデット・コルヴィン——と、ほか三人の女性が原告としてそこにいます。今なお、気丈です。不安を抱いてはいるものの、心境は平静です。あなたは現在と未来の両方にいます。まもなく引き受けることになる母親の役割と、裁判を目前にした日々の緊張感を同時に感じています。毎日、新しい出来事が起こり、それに応えるように、また別の出来事が起こっていました。一方では、黒人が初めてアラバマ州の大学に入学し、警察の保護の下、キャンパスに通い始めました。他方では、白人至上主義者が一万人も集まり、ローザ・パークスに「よい教訓」を与えてやろうと呼びかけていました。さらには、マーティン・ルーサー・キングの裁判が開廷しました。九十八人の容疑者のうち、彼が最初に裁判にかけられたのでした。三日間の公判ののち、大方の予想どおり有罪が宣告され、五百ドルの罰金刑又は三百八十六日の懲役刑を言い渡されました。けれども結局、その刑が執行される日は来ませんでした。

時間の経過が加速します。いまや四月に差しかかり、クローデット、あなたはモンゴメリー市の病院の中、診察台の上にいます。こののち、「あなたの息子」と呼ばれることになる存在を見つめています。さあ、いまやあなたはレイモンド坊やの母親です。肌の色と瞳の色の明るいあなたの息子を、皆があたかも異常なもののように、汚点であるかのように見ています。あなたはパラドックスのただ中にいます。あなたの子供は十分に明るい色の肌であったほうがいいのだけれど、かといって、明るすぎてもいけない、というわけです。あなたは動じることなく、さまざまな非難やほのめかしを受け止めます。彼らの偏見の目には、あなたは白人と過ちを犯した女と映ります。けれども、あなた自身はといえば、自分が白人支配の秩序をぐらつかせつつあることを自覚しています。

いよいよその時が来た。五月十一日、ボイコット運動開始から数えて百五十九日。「ブラウダー氏対ゲイル市長」裁判が始まった。三人の連邦判事が、アラバマ州とモンゴメリー市の公共交通機関における人種隔離の法律の合憲性について裁定する。裁判所の前に着くと、そこにはあなたを支持する群衆や、ジャーナリストや、複数台のカメラや、カメラマンたちが集まっている。報道機関が法廷に入るのは禁じられているため、みんな、外で待機するほかはない。それから、あなたは黒人用エレベーターに乗り込み、法廷の階まで昇る。九時一分、法廷にいる全員と同じように起立し、あなたの将来を左右するであろう三人の白人男性を迎え入れる。六十一歳のリチャード・ライブズ、四十八歳のセイブーン・リーン、そして、重要案件を担当するのは今回初めてだという三十七歳のフランク・ジョンソン。あなたの証言は最後に予定されている。一人目の証言者はオーレリア・ブラウダー。次にスージー・マクドナルド、メアリー・ルイーズ・スミスと続く。彼女たちと会うのは初めてで、一人ひとりの話を聞いたあなたは強くなった気がし、連帯感も抱く。また、市長側の弁護士、ウォルター・ネイブが話をどこに着地させたいのかも理解した。彼が原告の女性たちに向ける質問はすべて、もはやバスに乗るまいと決心したのはひどい扱いを受けたからではなく、マーティン・ルーサー・キングに命じられたからだという証言を引き出そうとしていた。市側の戦略は、問題なのは人種隔離ではなくボイコット運動なのであり、ボイコット運動はすべての市民の安全にとって脅威だと証明することにあった。

証言台に呼ばれた市長は、自分が人種隔離を正当と思っていることを再確認し、法律がきちんと適用されるようにするのが自分の仕事だと付け加える。ボイコット運動の開始以降、暴力事件が起こったかどうかを尋ねられると、市長はこう応答した。「わたしの責任はあらかじめ対処することで、問題が生じるのを待つことではありません」。警察の幹部がその言葉を支持し、「人種隔離の法律を廃止すれば、暴力が日常的になるだろう」と予告する。これに対して、ライブズ判事が次の質問を放った。「誰かの犯罪を予防するために、あなたは別の人に憲法上の権利を放棄せよと要求できるのですか」。どうやら明白に、この警察幹部はそう要求できると思っているらしい。

オーレリア・ブラウダー、スージー・マクドナルド、メアリー・ルイーズ・スミスの証言が終わり、いよいよあなたの番です。今度はあなたが右手を挙げて、真実を、すべての真実を言うと誓うのです。

「お名前は?」

「クローデット・コルヴィンです」

あなたはふたたび、自分の人生を変えた一九五五年三月二日、服従しないと決めた日のことを語る。改めて道筋を辿《たど》り、バスに乗車したところから、大人の囚人用の独房で時間を過ごしたところまで語る。あなたの弁護士が、警官たちはあなたが未成年だと知っていたかと尋ねる。あなたは、はい、知っていましたと応答する。フレッド・グレイ弁護士が最後に、人種隔離の法律に違反した科《とが》で有罪判決を下されたのかと訊くと、あなたは、はい、有罪の判決を受けましたと返答する。フレッド・グレイはあなたに礼を言って下がり、被告側のウォルター・ネイブ弁護士に場を譲る。ウォルター・ネイブの考えでは、あなたは四人の原告のうちではいちばん若い、したがって、いちばん脆《もろ》いはずの存在です。彼はあなたを息もつかせぬくらいに押しまくって、最後の砦《とりで》まで追い詰めようとします。彼にとってあなたは、マーティン・ルーサー・キングなくしてボイコット運動なしと大方に合点させるための最後のチャンスなのです。

ウォルター・ネイブ「あなたをはじめ、黒人のみなさんは、十二月五日以降に考えを変えた、そうでしょう?」
クローデット・コルヴィン「いいえ、弁護士さん。わたしたちは考えを変えていません。その考えはわたしが幼い頃からずっと抱いてきた考えです」

あなたが抵抗するので、彼は方針を変える。

ネイブ「あなたたちにリーダーはいますか?」
コルヴィン「わたしたちにリーダーがいるかですって?　わたしたちのリーダーは単純にわたしたち自身です」
ネイブ「でも誰かがグループを代表して発言しているでしょう?」
コルヴィン「わたしたちはみんな、わたしたち自身を代表して発言しています」

彼は再度尋ねる。

ネイブ「でも、誰かがグループを代表して発言しているはずだ。誰かな？」
コルヴィン「知りません。わたしたちは皆、わたしたち自身を代表して発言しています」

押し問答が続く。

ネイブ「あなたに問いたいのは単純に、キング牧師が当時あなたたちのグループを代表するリーダーの一人で、市の責任者たちに黒人たちの求めることを伝えていたかどうかです」
コルヴィン「そうかもしれませんが、わたしは何も知りません」

被告側弁護士はヒートアップし、判事たちに、あなたが質問に正面から応じるよう命じてくれと要求する。すると、ライブズ判事がその要求を受け入れ、あなたに「はい」か「いいえ」でのみ応答するよう命じる。

ライブズ判事「おしゃべりは無用です」

あなたは従い、「はい」か「いいえ」で応じることにした。質問はどんどん回りくどくなるが、どれもこれも、その狙いは結局、話をマーティン・ルーサー・キングのところに持っていくことにある。あなたが「はい」か「いいえ」でのみ応じ続けていると、ついに次の質問が発せられる。

ネイブ「なぜあなたは十二月五日に、バスに乗るのをやめたのですか?」

コルヴィン「わたしたちが、無礼で悪意のある、ひどい扱いを受けたからです」

ウォルター・ネイブはうなだれる。質問が尽きてしまったのだった。

名無しの存在

一カ月後、連邦裁判所の判事たちが二対一で、モンゴメリー市とアラバマ州の人種隔離の法律を違憲と宣言しました。この場面、あなた——クローデット・コルヴィン——にはどう見えているでしょうか。人びとが手に手を取り合い、褒め称え合い、抱き合っているって? 場所は、キング一家の家か、ローザ・パークスの家かもしれず、また、ＭＩＡの支部、あるいは端的に、あなたの弁護士の事務所かもしれませんね。その場に誰がいるでしょうか。知っている人びともいれば、ここにいるのを見て、つまり、モンゴメリー市の家の中で椅子に座っているのを見て驚いてしまうような人びともいます。何人もの重要人物が、たとえば、ハリー・ベラフォンテ〔一九二七〜二〇二三〕がいます。混血の歌手で甘い声の持ち主の彼は、すでにキング一家の友人です。信じられないことが起こっているわけです。温かい雰囲気の中、人びとはキング家の奥様の用意したレモネードをゆっくり楽しみながら、あなたに礼を言い、あなたは美味しいケーキをもう一切れ、おかわりします。なんて素敵な一日でしょう！

しかし、現実には、あなたに連絡を取って裁判の結果を教える者は一人もいませんでした。市がただちに控訴し、今は最高裁判所に連邦裁判所の判決を無効にするか、有効と認めるかが委ねられているとしても、それでも重要な障害を乗り越えたことに変わりはない、とあなたに伝える人は誰もいません。現実には、このニュースをあなたは一般の人びとと同じように新聞で知るのです。そして、あなたにはよく分かっている。訴訟の関係者たちと会う折はもう二度と巡ってこないということが——。いずれにせよ、あなたの優先事項はもはやそこにはありません。養わなければならない子供がいるのですから。それに、人種隔離をぐらつかせた張本人だとなれば、モンゴメリーで仕事を見つけるのは一刻一刻が闘いとなる至難の業《わざ》です。

五カ月後、マーティン・ルーサー・キングは、ふたたび法廷でカーター判事と向かい合っていた。判事は、今度は、車の相乗りシステムの不法性について裁定しようとしていたのだ。ところが、その公判中に入った速報で、最高裁判所がたった今、アラバマ州の交通機関における人種隔離を違憲とする連邦裁判所判決を認めたことが明らかになった。さあ、これで、ブラウダー氏対ゲイル市長の判決が〝歴史〟の領域に入った。四人の女性が、六十年ほども続いてきた古い法律を覆し、コットンベルトのすべての州の公共交通機関における、人種隔離の終わりへと道を拓いたのだった。

一九五六年十二月二十日、計三百八十一日を経て、ボイコット運動の終わり、そしてモンゴメリー市のバスでの人種隔離の公式な終わりが現実となった。翌日、マーティン・ルーサー・キングと、ほかに黒人と白人の三人のリーダーたちがバスに乗車した。その様子を撮影した写真は世界を一周する。原告四人のうち一人も、また、ジョー・アン・ギブソン・ロビンソンも、肖像写真を撮られることはなかった。『ルック』という雑誌〔アメリカの隔週誌、一九三七〜七一年発行〕がローザ・パークスの写真を数枚載せただけだった。その数枚のうちの一枚は、その後、有名になった写真で、ローザ・パークスがバスの座席に座り、膝にバッグを載せ、顔を窓の方に向け、物思いに沈むような眼差しをしているのが写っている。彼女の後ろの席には白人の男性が座っていて、同じように考え込んだ様子で逆方向を見ている。この乗客は実際には存在していなかった。写っているのは記事を担当したジャーナリストで、この写真のためにポーズを取ったのだった。実際に白人男性の乗客が何の違和感も覚えずに黒人の後ろ、あるいは隣に座るようになるまでには、それから何年もかかるのだ。

その上、早くも十二月二十七日には、バスが狙撃手たちの的になり、二十二歳の黒人女性で妊娠八カ月のローザ・ジョーダンが両脚を撃たれる事件が起こった。また、黒人たちの教会や、住宅や、店がプラスチック爆弾で爆破され、嫌がらせ電話や脅迫が激しくなった。市長は、必要なことはすべてやる、人種隔離の法律を維持すると意思表明した。つまり、ジム・クロウ的なものはまだまだ粘り腰を見せていたのだ。が、まもなく、マーティン・ルーサー・キングの支援を受けて、ほかの町でも独自のボイコット運動が始まった。公民権運動が立ち上がり、この運動はキング牧師をワシントンDCのリンカーン記念堂へと赴かせた。そこに集まった数十万人の黒人、そして白人のアメリカ人たちの前で、牧師は朗々と夢を語った。“I have a dream”（「私には夢がある」）と。その後、彼はノーベル賞を受賞した。そしてさらに数年ののち、メンフィスのホテルのバルコニーで暗殺事件が起こった。一九六八年四月四日に彼の時間は止まった。

これらのニュースすべてを、あなた――クローデット・コルヴィン――は新聞やテレビで知ったけれども、誰とも話題にしません。母親に言われたとおり、沈黙し、目立たないように、仕事を失わないようにしています。言われたとおりにするのは、町から離れて、遠隔の地に身を隠すよう母親から強いられるほどの状況だからです。ローザ・パークスと同様、あなたはモンゴメリーを去りました。あなた方のような女性たちにとって、モンゴメリーで仕事を見つけるのは「ミッション・インポッシブル」でした。ローザ・パークスと同様、あなたは南部を捨て、北部に移りました。彼女はデトロイト、あなたはニューヨークに身を落ち着けました。あなたを知る人のいないニューヨークで、新しい人生を生き始めました。

　ローザ・パークスはというと、彼女はアシスタント職を見つけ、公民権運動家の道を進み続けました。もっとも、年月が過ぎていくうちに、彼女が誰なのかを知る人は少なくなっていました。あらゆる空間がキングの声と顔に占められていました。その度合いは相当なもので、ローザは一九六五年の抗議行進の際、行進の中に居続けることができなかったと語っています。「行進の主催者たちは、私が誰なのかを知らず、しきりに私を隊列の外に出そうとしました。行進に参加するはずではなかったからと言って、行進からはずされました。三、四回、別々の機会に、また行進からはずされました」[36]。かの偉大な男性の死を俟《ま》って初めて、ローザ・パークスはふたたびローザ・パークスになり、現在わたしたちが彼女について認識している、アイコン的な知名度を得ることになりました。一九七〇年代半ば、ボイコット運動の二十周年を真っ先に祝ったいくつかの記事が、すでに六十歳を超えていたこの女性をいわば「聖女」のように褒め称え、それ以降止まることのない流れを作り出しました。ローザ・パークスに関する記事が五十あるとしたら、あなたのことを書いた記事は一つだけで、その一つも現実を反映しないことばかりで埋め尽くされているでしょう。その中であなたはクローデット・コルヴィンとして、未婚の母として描写されるのです。けれども、そんなことにはどんな重要性もありません。なぜなら、みんなにとって、あなたはニューヨークの病院に勤務し、看護師の補助をする無名の医療スタッフなのですから。

ところで、ジョー・アン・ギブソン・ロビンソンのその後についてご存じでしょうか。あなた――クローデット・コルヴィン――に遅れること数年、彼女もモンゴメリーから離れました。もう少し長くモンゴメリーにいれば、史上初の黒人バス運転手二名が業務を遂行するのを見ることができたのですが、それは叶いませんでした。逆にもう少し早くモンゴメリーから去っていれば、市長がボイコット運動に参加した黒人公務員たちに四六時中かける圧力を受けずに済んだのでしたが、その仕打ちは免れませんでした。多くのアラバマ州立大学の教員同様、ジョー・アン・ギブソン・ロビンソンは、やむを得ない状況に置かれたがゆえに辞職したのでした。一九六〇年、彼女は心ならずもカリフォルニア州へ脱出して、一九七六年に定年を迎えるまでそこで教鞭をとりました。同時に活動家の仕事も続け、キング夫妻と固い絆を保ち続けました。彼女の本をお読みになったでしょうか。彼女はたくさんの優しさ

36 Rosa Parks with Jim Haskins, *Rosa Parks: My Story*, *op. cit.*, p. 170.（前掲訳書、一九二頁。この引用箇所の訳文には若干の変更を加えた）

を込めてあなた――クローデット・コルヴィン――のことを語っていますよ。彼女はあなたが勇敢で、けっして不良ではなく、むしろその反対だったと言っています。あなたのことを「非常に優秀な生徒で、落ち着いていて、礼儀正しく、身だしなみがよく、賢く、綺麗《きれい》でとても信心深い」[37]と描写しています。あなたが名声ではなく、公正さを追求していたと言っています。いえ、わたしはあなたが彼女の本を読んだとは思っていません。あなたは日々たゆまず、治療可能な人びとの世話をし、不治となった人びとを見て涙をこぼしました。あなたは自分の最初の息子を助けることができませんでした。レイモンドは、二つの「河岸」の間で引き裂かれる人生を生きたあと、薬の多量摂取で亡くなりました。その人生は、彼が生まれた時代、熱に浮かされたような煩悶の時代のイメージを反映していました。

　わたしはあなた――クローデット・コルヴィン――が生存していることをどのようにして知ったのか今では忘れてしまったのですけれど、そのことを知ったとき、こう思った覚えがあります。アメリカのどこかであなたが話し、笑い、スーパーマーケットのウォルマートの売り場で、カートを押しながら大股で走り回り、ほかのどの人とも違わず、ほかのみんなと同じように生きているのだと。わたしは思い描いてみます。ときどき誰かがあなたのそばで立ち止まり、こう言うのです。「コルヴィンさん、十五歳当時のあなたのおかげでわたしの人生は変わりました」。そうしたら何が起こるだろうかと自問します。あなたは感激するでしょうか、それとも不安になるでしょうか。歩みを速めるでしょうか。あなたに話しかけようとしたとき（もしかすると、会おうとしたとき）、わたしの想像したあなたは、もう煩わされたくないと、話すことはもう何もないと、今はもう、自分がずっと慣れ親しんできた静寂の中に戻るつもりだと答えました。あなたはおそらく、街の通りをくまなく歩き回る影に、無関心以外の何も呼び起こさない、ぱっとしない影に戻りたいと思っていることでしょう。〝歴史〟からふたたび冷酷に扱われることがないように願って――。

今日、あなたは七十五歳です〔二〇一四年当時〕。マーティン・ルーサー・キング、ローザ・パークス、ジョー・アン・ギブソン・ロビンソン、E・D・ニクソン、彼ら全員がすでに亡くなりました。いたるところに、大通り、通り、並木道、広場、小公園、学校、図書館にローザ・パークスの名前が付けられています。彼女はすべての辞書に、すべての百科事典の中に存在しています。かのネルソン・マンデラ〔南アフリカ共和国元大統領、一九一八～二〇一三〕も、釈放されてすぐ、彼女に会うことを望みました。国家元首さながらに、彼女の亡骸《なきがら》は二日間にわたってアメリカ合衆国議会議事堂（キャピトル）の円形広間に置かれ、公的な追悼の対象となりました。その追悼の折、あなたはワシントン州まで行ったのでしょうか。あちらで、ヒロインの衣に身を包んで横たわるローザ・パークスを目にしたのでしょうか。

37 Jo Ann Gibson Robinson, *The Montgomery Bus Boycott and the Women Who Started It*, *op. cit.*, p. 37.

今日、あなたは七十五歳です。アメリカ合衆国の大統領〔バラク・オバマ、二〇一四年当時〕は白人の母親を持つ黒人男性です。

今日、あなたは七十五歳です。モンゴメリー市にようやく一つ、あなたの名前の付けられた通りが生まれています。

今日、あなたは七十五歳です。そのあなたを見つめるとき、わたしは心に思います。やはり、ひとかどの人物でなければ、ロ、ー、ザ・パ、ー、ク、ス、ではないローザ・パークスにはなれないのだと。

エピローグ

わたしがこの本を書いている間に、「ニグロ風」夜会の写真をＳＮＳに投稿した白人警官たちが取り調べの対象になった。彼らは顔を黒く塗り、ブーブー〔アフリカの民族衣装で、ゆったりした丈の長い上着〕を着用し、首や腰の周りにバナナを巻き付けていた。

わたしがこの本を書いている間に、バスケットボールチームの白人オーナーが自分のガールフレンドに、そのガールフレンドは肌の色が真っ白というわけではないのだが、黒人と友だちになるなと厳命した。

わたしがこの文を綴っている間に、ある大臣〔フランス海外地域圏ギアナ出身の政治家、クリスチャーヌ・トビラ〕が雌ザル呼ばわりされることがあった。また、ある国のサッカー連盟の会長が、ある黒人選手についてこう話した。「こっちへ来た当初は、やつはまだバナナを食べていたのに、今じゃセリエAの正選手なんだぜ」。

わたしがこの文を綴っている間に、白人が多数派を占める大陪審の決定により、丸腰の黒人青年を至近距離から六発の弾丸を撃ち込んで殺害した白人警官が裁判にかけられないことになった。

わたしがこれらの言葉を書き記している間に、異なる肌の色と異なる文化を持つ数千人、数百万人もの人びとが出会い、愛し合い、子供たちを産んだ。人種差別主義的な思想の道筋がしっかりと表示されていても、やがてはその子供たちがその道筋を攪乱し、混乱させ、曖昧にしてしまうだろう。

わたしがこれらの言葉を書き記している間に、ある白人男性がニューヨーク市長になったが、その人物は黒人の女性と結婚し、彼女との間に二人の混血の子供を持つ父親だ。

気が違っているのでもない限り、一九五〇年代と比べるとすべてが変わったとか、レイシズムはもはや存在しないとか、誰もが偏見から解放されて前進しているとか、そんなことは到底思えない。しかし、精神的に盲目でない限り、百歩の後退に対し、千歩の前進が現実となっているのが見えるはずだ。この歩みに、わたしは賭ける。ジム・クロウ的なものは今なお飛び跳ねているけれども、昨日と今日で何が違うかといえば、それはおそらく、われわれがもはや、黒人にはジム・クロウよろしく飛び跳ねることしか能がないなどとは思わなくなっているということだ。

二〇一四年、パリにて

「黒人」は存在しない。

——アイデンティティの釘付けについて

われわれから見れば、ニグロが大好きだというやつは、ニグロを忌み嫌うやつと同じくらいに「病んで」いる。

――フランツ・ファノン〔『黒い皮膚・白い仮面』より〕

――ではあなた、「黒人」として、あなたはどのように思いますか？

二〇一六年の夏。フランス人の女性ジャーナリストがわたしに意見を求めた。当時世間で騒がれていたあるテーマについてだった。肌の色の白いアメリカのポップス歌手ケイティ・ペリーが、かの有名な曲「キス・ア・ガール」を歌った彼女が、自分の髪をアフリカ風の三つ編みにした、というのだった。ケイティ・ペリーが髪を三つ編みにしたって！　控えめにいってもこれは明らかな「文化盗用」の事例の一つだと、いくつかの団体が判断した。その団体の人たちは、ケイティ・ペリーが「『黒人』文化に対して不謹慎で無礼」な選択をしたことに深刻なショックを受けたという。わたしに質問したジャーナリストの声に、わたしは多くの慎重さと留保のニュアンスを聞き取った。彼女は、肌の色が白いとか、黒いとかではなく、黒人、白人と名詞化して語ったが、それもカッコで括《くく》って、いわば「黒人」「白人」と言ったのだ。そうした留保付きの言葉遣いから、わたしは理解した。彼女は肌の色の白い人だから、その立場上、わたしの判定、つまり「黒人」だけのものであろう判定を尊重したい、横取りしたくないと思っているのだ、と。

そもそも、「黒人」って何なの？

わたしが思い出そうとしたのは、自分がまだ「黒人」ではなく、単に肌が黒かっただけの頃のことだ。その頃は黒が名詞ではなく、形容詞だった。単なる色彩だった。思い出そうとすること自体、ひとつの営みだ。わたしは思い出を一つひとつ点検してみる。集合住宅地区、友だち、学校、林間学校、バカロレア、グランゼコール〔大学とは別の高等教育機関〕準備課程、失恋の悲しみ、最初の仕事、競争試験……。けれど、どのイメージの中でも、わたしはすでに「黒人」だ。もっと昔のことを思い出すのは無理のような気がする。それでも、何とか思い出さなくては。少女時代の自分の写真を発見した。歳の頃は三歳か。もしかしたら四歳。写真の裏の日付が薄れて消えてしまっている。写真のわたしは満面の笑みで、ウィッグをかぶっている。短くて茶色い直毛の、大人用のウィッグだ。母が、この髪型が自分に似合うかどうか知ろうとして買ったウィッグだ。母は直毛の髪のオッドアイで、わたしは皆からしょっちゅう、「お母さんは『黒人』に見えないわね」と言われる。まるで、「黒人」に見えないことが幸運であるかのように。

さて、「黒人」とは何なのだろう?

わたしたちの隣人のベルナールさんは、肌の色の白い女性で、五十歳前後で、当時ときどきわたしの面倒を見てくれていた。彼女はわたしの髪をブローし、真っ直ぐにしようと必死になっていた。理由は、彼女が言っていたとおりだ。「あなたたち『黒人』は、ついてないと言うほかないわ。縮れた髪の毛は扱いにくいったらない。見てごらんなさい、まるで馬の毛みたいよ!」わたしは「縮れた髪の毛」と「馬の毛」という言葉をそのとき初めて聞き、ベルナールさんのしかめっ面から、それらが褒め言葉ではないということを理解した。ベルナールさんの長男、ニコラは、冗談を言うのが好きだった。

「なんで『黒人』たちの車にはシートベルトが必要ないか、知ってるかい?」

「いいえ、なぜなの?」

「ヘッドレストに接着テープを付けときゃ、それでオーケーだからさ」

笑い声。

「もう、ニコラったら、言い過ぎよ」。ベルナールさんが小刻みに震えながら笑う。彼女の花柄のブラウスが揺れていた。

この冗談を理解するのに、わたしがどれほどの時間を要したか知れない。十年、もしかしたら二十年。果たして、今は本当に理解したのだろうか？

話を写真に戻そう。わたしと、このウィッグに。「かつらをかぶった子供」に。今では、この写真のイメージが奇妙で、変ちくりんだと分かる。被り物が巨大で、わたしの頭があまりに小さいのだ。しかし、当時自分がどう感じていたかを今も憶えているのだが、わたしはこれで正しいと、明白な間違いを修正できていると確信していた。このウィッグの髪こそがわたしの髪であるべきだと感じて、頭に載せたとき、自由で、満たされて、無敵になった感覚があった。それに、ウィッグを取り上げられるたびにわたしは大騒ぎした。

「まあ、あなた、それで外には出られないわよ」。真っ直ぐな髪に恵まれている母や祖母が、わたしにそう言った。

いったいなぜなの？　皆みたいな髪だったら、毛束が揺れ動いて、下に向かって伸びるんだから、もうわたしのことは、このいまいましいウィッグと一緒に放っておいてよ。こんな話、もうしたくない！

時の経つのはあっという間だ。わたしは十三歳、思春期である。ダンスパーティー、歯の矯正装置、額《ひたい》のニキビ、ウォークマン、カセットテープ、男の子たち、「メディがあなたとデートしたいみたいだけど、あなたがデートしたいのはセドリックで、だけど彼はソフィー以外の子には目もくれないのよね」などの会話。誰も思春期の自分を綺麗だとは思わず、皆が皆、綺麗になりたいと思っている。そういうものだ。誰もが自分を醜いと思っていて、何のせいで醜いのかを突き止めようとする。わたしの場合、それは髪の毛のせいだ。申し分のないスケープゴートといえる。いまいましい髪の毛。だから、決めた。一か八かだ。エソンヌ県〔パリの南方に位置する県〕のドラヴェイユ市まで行って、水曜日の午後、中心街の美容院に入った。皆が言うところの「ふつう」の美容院で、黒人向け美容院ではない。どっちみちドラヴェイユには「ふつう」の、つまりは白人の美容院しかない。ポケットにはお小遣いが入っている。このために貯金したのだ。わたしは張り切っていて、希望がいっぱい。髪の毛が揺れ動くようになれば、人生がまるっきり変わると信じて疑わなかった。美容院はがらがらで、客は当分やって来そうにもない。都合がいい。いるのはわたしだけ。ほかには、二人の女性美容師が時間つぶしの雑談をしているだけだ。その雑談を遮ってわたしは話しかけた。

「こんにちは。ヘアブローをしてもらいに来ました」

どうにか言葉を発することができたけれど、やっとの思いだった。「ヘアブロー」の語尾は、ほとんど聞き取れないほどか細くなってしまった。声が喉に引っかかってしまったのだ。この冒険にあまりに多くのものが懸かっていたので、わたしの口は乾き、右目は痙攣《けいれん》していた。もはや後には引けない地点の近くにいる気がした。二人の女性はわたしを眺めた。というよりも、彼女たちはわたしの髪を、その次にわたしそのものを、上から下へ、下から上へ、唇に軽くしわを寄せて眺めた。沈黙。ハエの飛ぶ音が聞こえるほど静かだ。わたしは息をひそめる。二人のうち年上のほうの、店主が言った。

「いやいや、無理よ。これはセットできないわ」

わたしは思った。「これ」って、わたしのこと？　それとも、わたしの髪のこと？　どちらを指しているのか分からない。エソンヌ県のドラヴェイユ市、水曜日の午後、一九八〇年代の中頃、大人の女性が、十三歳の子供に向かって、「これはセットできないわ」という言葉を投げつけた。というか、むしろ、エソンヌ県のドラヴェイユ市、一九八〇年代の中頃、「黒人」というものが存在すると信じている肌の色の白い女性が、自分が本当に「黒人」というものであるかどうかをまだ確信していない肌の色の黒い少女に、あなたはモノだと断言した。唖然として、わたしは口をつぐんだ。もっとも、何か言うことができたとして、何を言えばよかったのだろうか。店を出た。同じ街なのに、それでいて、すべてが変化していた。あの美容院は、言ってみればわたしの巡礼地だった。このエピソードによって、わたしは決定的に宗旨変えした。さあこれで、わたしも肌の色の黒い人の名詞化（アイデンティティの「本質化」）を、つまり「黒人」というものの存在を信じるようになった。その場を立ち去ったとき、わたしは無言だった。けれども、強力な新しい確信を得ていた。その日持参したお小遣いで、ドラヴェイユ市の美容院で「これ」という呼び方に引っ叩《ぱた》かれてからずっと握りしめていたお金で、縮毛矯正剤「ダーク・アンド・ラヴリー」を買った。なんてステキな製品名だろう。なんてステキな二律背反だろう。なにしろ、この商品は、その名称と正反対のことをするためにあるのだから。わたしに反抗するこの巻き毛は、灰燼《かいじん》に帰させなければならない。そうしたら、わたしはもう「ダーク」（黒い）ではなくなるし、そうしたら「ラヴリー」（愛らしい）になることができる。縮毛矯正剤というものは、知らない人のために説明すると、最初に鼻につんとくるソーダの匂いがして、冷たい感覚がある。その後に続くのが、熱さと、クリームが頭を溶かすような感覚だ。毎秒が、重力にしたがう方向への歩みとなる。わたしの髪の毛が下向きになると約束されているのだから、それを信じたかった。頭のてっぺんで髪がぱちぱちする音に耳を傾ける。髪が叫び声を上げ、それから屈服したような気がした。髪のギブアップする音が聞こえた。さっきまでは誇らしげに立ち上がっていたのに、急にぺしゃんこになり、つぶれてしまった。さあこれで、誰が主人なのか分かった？髪は何も主張せず、何の動きも見せず、屈服し、やっと要求されていることに、つまりわたしの言うことに従った。ほら、誰が主人なのか分かったわね？　チクタク、チクタク、決着がつくまでの最後の数秒だ。タイマーが鳴り、わたしは縮毛矯正剤をすすぐ。鏡の中の自分を見る。これでよし、わたしは勝利した。髪が真っ直ぐになり、揺れ動き、やっと正しい方向に、「ノーマル」な方向に向いていた。心の中の嵐が静まり、すべてが落ち着き、やっと展望が開けた。ダーク・アンド・ラヴリー。そのときはまだ分かっていなかったけれども、髪の毛が何もしなくなったということは、それは死んでしまったからなのだった。毎日、ソーダが徐々に頭皮を侵食して拡がっているなんて、わたしは夢にも思わなかった。まず、頭の右側に円形の小さな空き地ができた。なんてことない、ただの小さな空き地だから、気に留めなかった。そうしていたら別の空き地ができて、さらにまた新しいのが発生した。髪の毛が、一房、また一房と抜けていった。こうなると、もうパニックだ。全方位的にジタバタする。もがく。隠す。髪留めをそこにして、ヘアバンドはこんな感じに、ヘアゴムはこう付けて、カチューシャをここにする。頭がおかしい人になる。これは敗走だ。集団避難だ。残っているわずかな髪も、まるで冬眠に入ったかのよう。硬くて、コンパクトで、ボール紙みたいだ。もうお終《しま》いだ。縮毛矯正剤の麻薬効果も消えた。わたしの気分はどんどん下降。ふたたびダークになり、まったくラヴリーではなくなった。わたしの頭部はまるで墓場。髪の毛はバタバタと死んでしまった。

話を二〇一六年の夏に、ケイティ・ペリーと彼女の三つ編みに戻そう。

——ではあなた、「黒人」として、あなたはどのように思いますか?

ふたたび、そもそも、「黒人」って何なの？

わたしは、これまでの人生でずっと「面白い」髪の人だった。「わあ、面白い。まるで泡《あわ》みたい」。周りの人びと――白い肌の人びと――がしばしば、わたしの頭に勝手に指を突っ込んでそう言っていた。あるいは、もっと専門家ふうに、「素材として特異だなぁ」と言っていた。また、心配そうな顔で、「これじゃあセットするの、きっと大変でしょうね」、動物学的に「柔らかいね、プードルの毛みたい」、陽気に「まあ、すてき！」、丁寧口調で、けれどもすでに手を伸ばしつつ「髪の毛に触ってもいい？」など。つまり、わたしはこれまでずっと、本当の髪の毛というよりはむしろ、「面白い」または「変わった」……「素材」を頭の上に載せた状態で過ごしてきた。そんなわたしの眼前で沸騰している論争は、ある女性がわたしの髪を人間の髪としてとらえたことをめぐっての論争だった。ケイティ・ペリーが三つ編みをしたという事件！　この論争の重要なポイントを自分が見落としていないかどうかを確かめるために、糾弾されたビデオクリップを観てみた。その髪型が人種差別主義（レイシズム）のトロイの木馬でないこと、つまり、ほのめかし的な侮辱を表しているわけではないということを確認したかった。この歌手は三つ編み姿で、バナナでできたベルトをしているのだろうか。顔を黒く塗り、唇の輪郭を赤い色で強調しているのだろうか。変な身振りや怪しいジェスチャーをしているだろうか。何千回と繰り返し見られてきたあの動きを、つまり、肩を上げ、手首を急角度に曲げ、膝を曲げ、骨盤を後ろに突き出すという動作をしているだろうか。こうしたしるしはすべて、一瞬にして「黒人」の身体を、サルの身体にしてしまう。このケースで問題となるのは、「異文化を取り入れて我が物にする行為」ではなく、まぎれもなくレイシズムである。今回のケースもそうなのかというと、そうではない。ケイティ・ペリーは単に髪を三つ編みにして「This is how we do do do do」と歌っているだけだ。言いかえれば、ケイティ・ペリーは特に「黒人」の髪型ではなく、彼女自身を引き立てるかもしれない髪型を探して、このビデオクリップではほかの二十七種類の髪型を試している中にこの髪型を加えたのである。それが「間違い」だった。今日では、彼女の行為に「文化盗用」という言葉があてられている。

一九七〇年代、ケイティ・ペリーはまだ生まれていなかった。この時期に、イギリスの歴史学者で芸術批評家のケネス・クーツ＝スミス〔一九二九〜八一〕が、のちに「文化盗用」という意味で定着することになる新しい用語「cultural appropriation」を作った。彼はこの新語を用いて、十八世紀におけるナポレオンのエジプト遠征のとき、どのようにして芸術が初めて金や原材料と同じぐらい重要な戦利品になったかを語った。このエジプト遠征を契機とする傾向はその後も途絶えることなく、西洋諸国を突き動かして、植民地化した国々の財産や文化的スタイルをますます大量に奪い取らせた。それらの獲得に由来する流行は、西洋世界のあらゆる芸術的潮流の糧となった。十年後の一九八〇年代に、この語のコンセプトに最初の変化が起こった。植民地から西洋へと何かが奪い取られていく動きを指すのではもはやなく、西洋社会の中で起こる現象を語るようになったのだ。以来、「文化盗用」という言葉で描写されているのは、アメリカおよびカナダの先住民、黒い肌のアメリカ人、オーストラリアのアボリジニーの状況である。「文化盗用」の語が定義するのは、支配的な白人社会の態度であって、それは、ある人口集団を周縁に追いやりつつ、その集団の文化的な特質を我が物にする態度なのだ。追い出すと同時に吸収するという、アンビバレントな動きである。あんたは皆と同じじゃないから、あんたのことはハブるけど、その個性はもらっておくよ、というわけだ。それに対して、「文化盗用」の概念を用いる人びとが当時要求していたのは、諸権利の平等と完全な市民権へのアクセスだった。さらにその後、「盗用」の持つ意味と、「文化」という単語がカバーする意味の解釈がかなり弾力的である結果、コンセプト自体が曖昧化して、言葉の二度目の変化が起こった。その前の十年を通して「文化盗用」が社会を開放し拡大するための要求の道具となっていたのに対し、一九九〇年代には、文化が少しずつ閉鎖的な囲いとなり、人びとをそれぞれの縄張りに閉じ込める手段と化した。いまや、各人が自分に割り振られた文化に従順に行動するように義務づけられ、そこから離れられないでいる。ケイティ・ペリーの三つ編みが問題とされた理由がこれだ。

今日、「文化盗用」は、「あなたのものではない文化の要素を手に入れたり使用したりすることであり、しかも、あなたがその文化を理解あるいはリスペクトしていることを明らかにせずにいることを意味します」と、スーザン・スカフィディ〔アメリカの弁護士、一九六八年生まれ〕が述べている。彼女は『文化は誰のものか？　米国法における「盗用」と真正性』〔*Who Owns Culture?: Appropriation and Authenticity in American Law*　未邦訳〕の著者であり、その本のなかで次のように念押ししている。「文化の要素」とは、とりわけ「衣服、言語、民俗芸能、料理、宗教的象徴、伝統的医療……」などである、と。彼女はこうも付け加えている。「文化盗用」が成立するのは、それらの要素が「許可なしに」横取りされる場合に限られる、と。しかし、自分の所有物の使用を他者に許可することはふつうに想像できても、誰が言語や料理のレシピの所有者なのかをはっきりさせることは難しい。その場合、使用許可の権限を有しているのは誰なのか。どの委員会が、空手やインド舞踊の実践を、漢字を書くことを許可するのだろうか。それに、芸術のスタイルはいったい誰に属しているのか。「文化盗用」の現行犯にされたくない慎重な人びとにとって幸いなことに、失敗しないために守るべき鉄則が存在し、あらかじめ次の質問を自分に投げかけるよう勧めている。

「なぜあなたはこの文化を借用するのですか？　本当に関心があってのことですか、それとも、ただ単に流行にしたがっているのですか？」

「あなたが購入する物品を作ったのは誰ですか？　その物品の文化に属している人ですか？」

「この文化に属している人があなたを見たら、どう感じるでしょうか？　あなたはこの文化に敬意を払っていますか？」

しかし、これらの指針はどれ一つとして、アプローチの誠実さを判定するための正統性を誰が有しているのかも、ある文化への関心が「本物」であるかどうかを誰が測るのかも、明確にしていない。

さて、わたしが繰り返し再生している動画のある場面で、ケイティ・ペリーは髪を三つ編みにしたことを公に謝罪している。自分のものではない何かを盗用したと認めている。「わたしは多くの間違いを犯しました」と。さらにこう続けている。「それで、女友だちのクレオと長時間話し込みました。クレオはわたしの守護天使の一人です」。彼女は床にじかに座っていて、その向かい側に、ディレイ・マッケソン〔アメリカの社会運動家、ポッドキャスター、一九八五年生まれ〕というブラック・ライヴズ・マター（ＢＬＭ）運動の黒人リーダーが座っている。

ケイティ・ペリーはすっかり後悔に打ちひしがれた様子で、彼女の「『黒人』の友だち」であるクレオとの印象深い会話について話し始める。具体的には次のような内容だ。「なぜわたしにこの髪型が許されていないのか。この髪型にどんなストーリーが込められているのか。クレオはわたしに、『黒人』の女性の髪型が持つパワーを、その髪型がどれほど美しいのかを教えてくれました。それと、闘いについても。わたしは耳を傾け、聞き取りました。初耳のことばかりでした。もし教えてもらっていなかったら、そうしたことは絶対に理解できなかったでしょう。わたしの立場が立場だからです。でも、学ぶことはできると思います」

つまりケイティ・ペリーは、「黒人」たちのものを「黒人」たちに返還したのだ。「黒人」の髪型があり、「白人」の髪型があり、「黄色人種」の髪型があり、「褐色人種」の髪型がある、それぞれ別々に存在していなければならない、というわけだ。彼女は、今後けっして自分は三つ編みにはしませんと約束した。

このケースと同様の考え方にもとづく、あるユーチューブ動画が四百万回以上再生されている。その動画では黒い肌の若い女性が、ドレッドロックスの髪型をした白い肌の男の子を激しく攻撃し、「黒人」文化の盗用だと非難している。

「文化盗用」。このコンセプトの名において、二〇一五年の十二月以来、米国オハイオ州のオバーリン大学では寿司やタコスが提供されなくなってしまった。というのは、日本人やメキシコ人（もしくは、親や、祖父母や、曽祖父母が日本人やメキシコ人）の学生たちが苦情を申し立てたのだ。自分たちの「文化」の伝統的レシピへの敬意が欠けているという理由で――。彼らは、（見るからに日本人でもメキシコ人でもない）料理人がレシピに加えた変更は自分たちを「傷つける」と判断した。その料理人は、十分炊けていない米と新鮮さに欠ける魚で握った寿司を適切だと思っていたのだった。ほかにも提供されなくなった料理がある。バインミーという名のベトナムのサンドイッチだ。これも同じ料理人が「リスペクトの欠けた」バージョンで解釈し直し、野菜のピクルスの代わりにコールスローを入れ、フランスパンの代わりにチャバッタ〔イタリアのパン〕を使っていた。「あなたがこんなふうにエスニック料理を提示することは、ベトナム人コミュニティを傷つけ、そのコミュニティから真正性への権利やアイデンティティ保持の権利を奪う行為にほかならない」と、訴えを起こした陣営に属する人が説明している。料理人の腕前が極端に悪いのかもしれないという可能性は、まったくもって考慮されないようだ。なんとも残念。そうなると、オバーリン大学では何を食べるのだろう？　大学当局が、「文化的無神経さ」を露呈したこの「盗用」について謝罪した。その謝罪の折、「文化的無神経さ」は、「他者の文化的差異を考慮しないこと」と定義された。その後下された決定で、寿司カウンターは廃止になり、代わりに設置されたビュッフェでは、誰も傷つけることのない、そして何も盗用していない食べ物が提供されている。想像するに、それらは果物や野菜で、それも生《なま》の状態のものが提供されているのではないだろうか。なにしろ、熱調理するだけでも危ない橋を渡ることになるのだから。学生食堂の主任で、同時に大学の広報活動も担っている女性が弁明をした。彼女は、学生たちの要求を傾聴し、妥協点を見つけようとしたという。訴えを起こした学生たちに対し、セルフサービスの学食で美味しい食事にありつくのはいつの時代も手の届かない夢ですよとは、ただの一度も示唆しなかった。また、もしあなたが洗練された美食家ならば、食べたい料理が何であろうと、街のレストランに行ったほうがいいですよ、とも。そう、そういうことはまったく言わなかった。オバーリン大学の学費が年間六万ユーロもするという事実と、大学が学生たちの要求を我事のように注意深く聴いて平伏謝罪したことの間にどんな関係もないというのは本当かしら？　かくして、学食と広報活動の責任者が提案したのは、今後のメニューでお米の上に魚を載せた食べ物を出すときはもはや「寿司」とは呼ばず、単に料理の構成を説明するだけで、名前は付けないということだった。たとえば、「お米の上に載せた生魚《なまざかな》」。

米国オハイオ州、オバーリン大学でのこの事件より一年前に、フランスのパリ郊外で、「黒人」を擁護する団体が、Exhibit B（エグジビット・ビー）という展示を禁じようとした。その展示では、肌の色の黒い女性および男性の役者たちが活人画を演じ、白人社会が肌の色の黒いアフリカ人に対して何世紀にもわたってふるい続けた暴力を表現していた。人間動物園から奴隷制まで、アパルトヘイトからヘレロ族〔ナミビア、アンゴラ、ボツワナに住むバントゥー語系の民族〕を対象としたジェノサイドまで、来場者たちがたどる順路は地獄を通過していく行程のようで、それに付き添っていくのは役者たちの視線だけ、という趣向だった。件《くだん》の団体がこの展示を禁止しようとして、来場者たちや役者たちにまで非難を浴びせたのは、アートとしての質の問題ゆえではまったくなかった。第一、当該団体のメンバーは自分たちの名誉にかけて、Exhibit Bを絶対に観ないと表明した。ジャーナリストから展示を観たのかどうかを問われると、団体のリーダーはこう答えた。

「もちろん観ていない。あれはレイシズムだから」

団体によれば、論争の火種となったのは、演出家の肌の色であった。演出家の男性は白い肌の持ち主だった。

「さまざまな出自の住民が混合しているパリ北部の地区で、多民族の人びとを呼び寄せて、ある南アフリカ系白人のレイシズムについて学ばせようとすることからしてすでに驚くべきことである」と、団体がオンラインに掲載した請願書に書かれている。

肌の色の白いアフリカ人ではなく、肌の色の黒い非アフリカ人であれば、これほど非難されることはなかっただろう。このケースも「文化盗用」と見なされてしまったわけだ。


カナダのオタワ大学にある学生センターで、ヨガのレッスンが従来おこなわれていたのだが、これも廃止になった。白い肌のカナダ人女性であるヨガ講師が「抑圧、ジェノサイド、植民地支配、および白人至上主義的支配を被った」文化を盗用していると、あるインド人学生が判定したからだ。ヨガの先生が生まれによっても血統によってもインド系でない場合、それは「ヨガのレッスン」ではなく、「ストレッチのレッスン」と呼ぶよう示唆された。これに近い理由で、ビヨンセは今後、サリーは身に着けないだろうし、額にビンディー〔ヒンドゥー教徒の女性が額に施す装飾〕を施すこともないだろう。コルカタ〔旧称カルカッタ〕で撮ったという、多彩な色の粉を浴びたインド人の子供たちがガンジス川で飛び跳ねる姿を収めたビデオクリップも、もう作らないだろう。けれども、ビヨンセは次の点では喜ぶことができる。彼女はアメリカ人でありながら、髪をアフリカ流の三つ編みやジャマイカ流のドレッドロックスにしても許される。それはなぜかって？　ビヨンセは肌の色が黒いから、そして皆が「黒人」の存在を信じているからだ。

ではもう一回、そもそも、「黒人」って何なの？

たとえ、「黒人女性」の明確な定義を単刀直入に示すことは難しく思われても、人はこぞって、それが何なのか知っているつもりでいる。つまり、「黒人」たちのグループに属する女性のことだ、と。そして、「黒人」たちについても、それが何なのか、誰もが分かっているつもりだ。瞬《またた》く間に、無数の特徴がこの言葉に付着する。まるで磁石に鉄の粒子がくっつくように。これは防ぎようもない、とにかくくっついてしまうのだ。「黒人」は速く走る、「黒人」は大声で笑う、「黒人」はダンスがうまい……。こういうレッテルが貼られる。しかも、スポーツがまったく苦手な肌の色の黒い人や、にこりともしない肌の色の黒い人や、ダンスのへたくそな肌の色の黒い人を見かけても、この連想は消えず、むしろその逆が起こる。そのような人びとの存在は、原則を際立たせる例外だというわけだ。

誰にでも、自分の「特性」とされているものがある。わたしなら、わたしの、つまり「黒人」の「特性」が頭に浮かぶ。なぜならそれが、いちばんよく知っていて、いちばん長く付き合ってきた偏見だからだ。けれども、それぞれの個人が、他人に付着している偏見を別の偏見に、自分にとってより近くてなじみのある偏見に置き換えてみれば、ピンとくるはずだ。つまり同じことだ、と。ややもすると人は、異なる偏見は異なるメカニズムに導かれていると思いがちだが、じつはメカニズムはどの偏見のケースでも同一なのだ。それがすなわち、「人種」のメカニズム。「人種」というのは邪悪なイデオロギーで、世界はさまざまな肌の色の人びとで構成されているという議論の余地のない事実から出発し、それらの色の間に序列を生み出した（その分類では、最も素晴らしいのが白、最も劣るのが黒だとされ、中間に黄色を挟んでいる）。「人種」の概念とともに、色がそれ自体として存在するものに変じ、肌の色の黒い女性が「黒人」女性となる。そうして始まるのが、肌の色ごとに異なる心理が存在するという考え方だ。「黒人」には「黒人」の性格があり、「白人」には「白人」の能力があり、「黄色人種」には「黄色人種」の特殊性がある、という具合に。このイデオロギーの手品によって、わたしたちは、人を決定するのはもっぱら肌の色だというビジョンにたどり着く。このビジョンでは、暮らしている場所や、話している言語や、その人を作り上げた歴史はまったく考慮されない。もはや文化は関係なく、もっぱら「自然」のみがわたしたちを定義し、わたしたちのそれぞれに異なる経験は無視される。そんなふうだから、もしわたしが自分は「黒人」ではなく、肌の色の黒い人間だと言い出すと、話がややこしくなる。この単語が突如、名詞から形容詞に戻ると、ほかの詳細も呼び出されてくる。その結果、この単語は「人種」の領域から出て、色彩の領域に入ることになる。わたしについて皆さんに知ってもらうには、肌の色が黒いという情報だけでは足りず、わたしの年齢、身長、瞳の色、好きなもの、用いる単数または複数の言語、経歴などを言わないといけない。そこでようやく皆さんは、わたしがどんな人間かなんとなく分かり始めるでしょう。ところが「人種」の話にすると、すべてが簡単で、誰もが生まれたときの存在以上でも以下でもなく、血縁とDNAのみに支配される。もはや、他者と関係を持つことや、聴くことや、考えることは不要で、視線を向けさえすればそれで十分。見れば分かる、というわけだ。あなたは「黒人」なのだから、あなたが何を思うか分かる、あなたは「黄色人種」なのだから、あなたが何を言おうとするか分かる、あなたは「褐色人種」なのだから、あなたが何をするのか分かる、というわけだ。「人種」を持ち出すことで生まれてくるビジョンでは、ある人物を見るだけで、その人がどこから来たのかも、誰なのかも分かる。それなら、もしその人の肌の色がはっきり識別できなかったら、あるいはその人が自分と同じ肌の色をしていたらどうか。その場合は、「人種」のマジックの力で、見えるはずのものを勝手に想像することになる。たとえば、ユダヤ人やツチ族の「独特の」鼻や、アラブ人（現在では「イスラム教徒」と呼ぶことが多い）の「特徴的な」様子などを。そして終いには、誰もが、本当には存在しないものを見るようになるだろう。「ユダヤ人」にはユダヤ人の「自然」があり、「イスラム教徒」にはイスラム教徒の「自然」があり、「ツチ族」にはツチ族の「自然」があると信じるようになる。ユダヤ人全員が「ユダヤ人」の考え方をする、イスラム教徒全員が「イスラム教徒」の考え方をする、ツチ族全員が「ツチ族」の考え方をする、と信じるようになる。なぜなら、人種が人びとを決定していると信じるからだ。「人種」を存在させるには、想像力をたくましくすることが必要で、他者を自分と非常に異なる存在と思い定め、その他者に、自分たちの感じているあらゆる恐怖を投影しなければならない。ここでは現実が現実として通用しない。信じることが求められ、思考することは求められない。だから、科学の証明によって、特定の肌の色の人と別の肌の色の人との間に、あるいは特定の宗教を信じる人と別の宗教を信じる人との間に、染色体の違いがまったくないということが明らかになってからもなお、「人種」は存続している。

今日ではもはや「人種」とは呼ばれず、「出自／出身」と呼ばれているけれども、原理には変わりがない。

というよりむしろ、その原理の危険性が増したといえる。なにしろ、ついこの間までは当たり障りのなかったニュートラルな言葉の中にその原理が入り込んでしまったのだから。辞書で「出自」は次のように定義されている。「人の生まれた、あるいは物が生じた環境」と。けれど、わたしたちは誰であっても、それぞれ特定の環境から生まれ出《い》でたのではないかしら？

最近のこと、「まあ、あなたは運がいいですね」と、白い肌の若い女性がため息をつきながらわたしに言った。「少なくとも、あなたには『出自』があるじゃないですか！」なぜあなたは自分にそれがないと思っているのですかと尋ねると、彼女はこう答えた。「え！　だって、わたしは白人ですから」。彼女がわたしにはあると見なして心から羨ましがっている、とてつもなく複雑に入り組んだルーツは、彼女からしてみれば、自らの肌の色のせいで得ることのできないものであるらしい。

わたしは、パリ十三区で十二月二十四日の十二時二十五分に生まれた。わたしはフランスの身分証明書を所持していて、それはわたしの母や、祖父母や、曽祖父母や、高祖父母も同じなのだが、それでも、どこから来たのかを人から尋ねられない日はない。「ねえ、あなたはどこの『出身』なの？」人をこの質問に導くのはもっぱらわたしの肌の色であるということをわたしは承知している。なぜなら、この質問をしてくるのはわたしのことを知らない人びとで、たいていは「こんにちは」の直後に、ときにはそれよりも前に訊いてくるからだ。それに、肌の色の白い人に「出自」を尋ねることは、その人に訛《なま》りでもないかぎりは稀《まれ》だということも承知している。「あなたはどこの『出身』なの?」という質問が投げかけられるのは、いわゆる「白人」のイメージからかけ離れた人である。色見本でいうと、ベージュのところから、いや、茶色っぽい卵の殻のような色のところから先で、この質問は生じているようだ。「出自/出身」は、「人種」を意味するための新しい用語だ。「出自/出身」は、自分の肌の色が白くない以上、必然的によそから来たということを示すためにある。この言葉の役割は、正統派、すなわち肌の色の白い人間と、非正統派、すなわち肌の色の白くない人間との区別を維持することにある。地元民の彼や彼女と、よそから来たにちがいない彼女や彼の区別である。

ときどき、人びとが集まって話をするなかで、肌の色の白くない人や、カトリック教徒以外の人のことを話題にし、かつ論評があまり行きすぎないようにしたい場合、「あの人たちの出身は……」とだけ言って、フレーズを宙吊り状態にする。たとえば、「……出身の連中を知っているのだが、彼らはこぞって……」「まるで偶然のようだけど、やはり彼らの出自は……」。たいていの場合、人びとは互いに頷《うなず》いて、フレーズに残された空白を埋めるために、持ち上がった問題にぴったりの「出自」を選ぶ。お金関連なら、何といっても「ユダヤ人」か「中国人」、麻薬なら「黒人」、殺人なら「アラブ人」、窃盗なら「ロマ族」という具合に。

「出自／出身」を云々《うんぬん》することで、個々人を所属「グループ」に押し込み、それぞれの所属の「人種」に組み込む。これは秩序回復のための呼びかけであり、各人を元々のポジションに戻すための手段である。わたしの場合、そのポジションは十七世紀に定められて以来、ずっと動いていなかった。四世紀も経ったけれど、わたしたちはさまざまな偏見をひとつの無意識から別の無意識へと引き継いできただけなのだ。

まさにこれがわたしたちの呪われた城だ。わたしたちの内に棲む幽霊たちだ。幽霊たちはわたしたちを通して言葉を発する、姿の見えない腹話術師たちである。わたしたちはレイシストだろうか。もちろんレイシストだ。わたしたちは皆、ふだんから「人種」を話題にしている。「人種」は何世紀も前からわたしたちの母語も同然なのだ。レイシストでなくなることができるだろうか。もちろんできる。だけど、そのために乗り越えなければならない困難は大きく、ぐずぐずしている時間はない。世界の至るところで人間関係が緊張し、痙攣している背景に、「人種」というイデオロギーがある。世界の至るところで国粋主義者たちが、「他者」に対する恐怖――それはわたしたちの意に反して、わたしたちの内に棲みついている――に、安心感のある単純な言葉を与える。国粋主義者たちは言う。「恐ろしくて当然さ」「同感だ、彼らはわれわれとは違う」「彼らがいなくなれば、今よりずっとうまくいく」。また、こうも言う。「きみは自分が誰なのか分からないようだが、でもわたしは、きみが誰なのかを了解しているよ」。すると、人びとは彼らを信じ、選挙で当選させる。彼らは次のように言う。「きみが抱えている問題、それは要するに『メキシコ人』だ」「きみの悩みの原因は『黒人』だ」「『アラブ人』だ」「『ユダヤ人』だ」「『ロマ族』だ」「『ロヒンギャ』だ」〔ロヒンギャ語を話すミャンマーのイスラム系少数民族〕「『ヤズィーディー教徒』だ」〔クルド人の一部が信仰している民族宗教〕、などと。こうした国粋主義者と対立するポジションに立っていながら、共同体主義者は国粋主義者と同一の言語、同一の辞書を用いて鏡映しの反論をおこなう。共同体主義者たちの陣営では、黒い肌のフランス人とは言わず、「フランスの『黒人』」「フランスの『ユダヤ人』」「フランスの『イスラム教徒』」と言う。つまり、「人種」第一主義なのだ。また、彼らが「レイシズム」を告発するのは、攻撃された共同体が自分の所属共同体である場合だけなので、自己都合の反レイシズムを主張しているわけだ。これでは、ご都合主義だという点で国粋主義者たちと違わない。共同体主義者たちは言う。「『黒人』が攻撃されているのだから、『黒人』同士でまとまっていよう」と。「『ユダヤ人』だけで話そう」「『イスラム教徒』だけで物事を考えよう」などと。国粋主義者と同様、共同体主義者が夢見ているのは、「人種」が人間同士の関係の複雑さに秩序をもたらす世界だ。「イスラム教徒」は「イスラム教徒」と共に、「ユダヤ人」は「ユダヤ人」と共に、「黒人」は「黒人」と共にいるべきだ、と。彼らは「文化盗用」「有色人種」「文化的無神経さ」などの言葉を駆使する。

「おまえは『白人』みたいに喋る」と言ったり、「きみは本物の『黒人』じゃない」「本物の『ユダヤ人』じゃない」「本物の『イスラム教徒』じゃない」等々と言ったりする。

共同体主義者たちと国粋主義者たちは「人種」という概念の罠に落ちていて、わたしたちはその巻き添えになっているのだ。

では、ある実験をしてみよう。わたしたちの呪われた家の中をひと通り見て回って、戸棚や引き出しを開け、書類ファイルを広げ、「人種」というものを正面から見つめよう。そうすれば、わたしたちはついに、「黒人」「ユダヤ人」「イスラム教徒」、そのほかすべて名詞化された（アイデンティティを「本質化」された）人びとの存在を信じるのをやめることができるかもしれない。

準備オーケー？

最初から始めましょう。

一九七七年。小学校。わたしは肌の色の白くないただ一人の生徒で、まだ自分が「黒人」だということを知らない。当時、とても人気のアニメが放送されていた。ちょっと世間知らずの雌牛が、自分の獣医さんに毎日電話して、多かれ少なかれバカげた質問をするという内容のアニメーションだ。雌牛は黒《ノワール》くて、名前は「ノワロード」といい、この名前がアニメのタイトルでもあった。

「先生、こんにちは。ノワロードです」

「こんにちは、ノワロード。今度はどうしたの？」

その日までは、わたしはこの雌牛について何とも思っていなかった。穏やかで好感の持てる動物でしかなかった。ところがある日、校庭でひとりの男の子がわたしを見て笑いながら「あ！ ノワロードだ！」と言った。「黒《ノワール》」と「ノワロード」、この二つの語の関連は単純で、バカで、意地悪で、幼稚な連想だ。別に何にも発展しない可能性もあったのだろうが、大ごとになってしまった。その子のアイデアはほかの子供たちに気に入られ、拡がっていった。それ以降、「ノワロード」がわたしのあだ名になった。わたしは五歳半で、もうすぐ六歳になる少女だったけれど、雌牛になってしまった。「黒」の雌牛に。わたしの肌の色は与件の一つだったが、いまやわたしを定義するたった一つのものになった。それからというもの、雌牛が口にする言葉の一つひとつに傷つくようになった。わたしはノワロードではなかったが、それでもやはりノワロードなのだった。ノワロードをまったく制御できないのに、皆がそのように言う以上、わたしはノワロードと一体であり、だから、彼女の口から出てくるフレーズの一つひとつに責任を感じてしまうのだった。

第八話「ノワロードと音符」

「先生、わたしさっき、とても悲しくなるようなことを聞いたんです！」

「言ってみなさい」

「ある教授が声高に、白は黒二つ分だと言ったのを聞いたんです。ねえ、先生、本当に白い雌牛には黒い雌牛二頭分の価値があるんですか？」

そして、ノワロードはこう語った。教授のその発言を聞いて以来、牛小屋仲間のブランシエットという白い雌牛が彼女を「白い雌牛の半分」と絶えずからかい、それが仲間たち全員を大笑いさせる。この場面で、獣医が口を開き、ノワロードが引用した教授の言葉は音符に関する説明であって、牛のことではないよ、とノワロードに言って聞かせる。安心したノワロードは、弁解する。

「悪く思わないで、先生。わたしはすべてを『真っ黒』に考える癖があるの」と。

わたしは五歳半で、もうすぐ六歳になるところだったが、自分の肌の色に付きまとう言葉や表現の一つひとつに用心しなければならない、ということを理解した。たとえば、黒い〔暗い〕考えを抱く、気分が黒く〔暗く〕なる、黒く〔暗く〕考える、地獄みたいに黒い〔暗い〕……。わたしは地雷撤去班員、あるいは麻薬探知犬と化し、ほのめかしを追いつめ、安全ピンを外された手榴弾《しゅりゅうだん》の間を縫って進んだ。自分の周りのすべてのやり取りをふるいにかけ、検出器で隠された意味をチェックした。この言葉は、自分に敵対するものを隠しているのか、それとも、表面に出ているとおりの意味にすぎないのか。わたしは五歳半で、もうすぐ六歳になるところだったが、これまで形容詞だった「黒い」を名詞の「黒」に変更されたのだった。このとき、わたしは「黒人」になっていた。

それにしても、「黒人」って何なの？

わたしはフランスの身分証明書を所持しているが、わたしの祖父母の父母の父母である、高祖父母の父母は、これを持っていなかった。なぜなら彼らは「備品」として扱われていて、「備品」に書類は不要だからだ。彼らには番号があり、財だと見なされていて、「他者」、すなわち彼らの所有者の必要に応じた存在しか認められていなかった。書類も不要、アイデンティティも不要で、「備品」には健康な歯と筋肉質の腕さえあればよかった。黒人奴隷から政治家になった最初の人物、フレデリック・ダグラス〔奴隷制度廃止運動家、一八一八

〜九五〕が、一八四五年に書いた『アメリカの奴隷制を生きる――フレデリック・ダグラス自伝』〔邦訳は、樋口映美監修、専修大学文学部歴史学科南北アメリカ史研究会訳、彩流社、二〇一六年〕でこう述べている。

「私たちはみんな同類として値踏みされた。男も女も、年寄りも若者も、既婚者も独身者も、馬や羊、豚と同列に分類された。馬と男、牛と女、豚と子供というように、みんな生物という枠組みの中では同じで、同じように入念な審査を受けた。」〔前掲の研究会訳〕

なにしろ「備品」だというのだから、備品が子供備品を作り、それがまた子供備品を生み出す。家系図はあり得ず、歴史や名前の継承もいっさい存在しない。「備品」は名前も歴史も持たない。彼らにあるのは腕と脚と性器で、それらを一定間隔で使用して繁殖することを命じられ、そうしてほかの腕と脚と性器を作り出すのだ。「私と母とは、赤子の私がその女性を母親だと理解しないうちに引き離された。メリーランド州の、私が逃亡することになる界隈では、幼い子供を母親から引き離すことはよくあることであった。しばしば母親は、生後一二カ月にも満たない子供から引き離され、かなり遠く離れた農園に貸し出された。その子供の世話は、畑で働くには年を取り過ぎた老女の仕事であった」と、フレデリック・ダグラスは思い出を語っている。

「備品」たちは「主人」に仕えているため、自分で自分を自由にできず、自分たちの子供ももはや自分たちの子供ではない。十七世紀以来、このことはロジカルで、絶対的で、白地に黒々と書かれていた。国王の大臣で財務総監のジャン＝バティスト・コルベール大先生は、御自《おんみずか》らこれに留意していた。いつの世も、ちゃんとした人物たちによってある原則が明白なものに仕立て上げられる。コルベールがルイ十四世の命で作成した条文集は全六十条から成り、奴隷の所有者たちの諸権利と諸義務を定めている。フランス植民地のアンティル諸島、ギアナ、ブルボン島（レユニオン島の旧名称）に適用されたこの黒人法典は、黒人の反乱を防ぐべく、奴隷たちの生活を規制していた。

「奴隷は備品であり、備品として共同体の一部を成すことを宣言する」と、黒人法典の第四十四条が規定している。「奴隷たちは自分たちの主人の所有物でない物を持つことが許されず、また、仕事によって得た物、他者からの無償譲与物、あるいはどんな名目で入手した物であろうと、その物は主人の完全な所有物となり、奴隷の子供たちも、奴隷も、奴隷の親も、そのほかの誰も、その物に関する権利を主張することはできない」と、黒人法典の第二十八条が規定している。わたしの祖父母の父母の父母である、高祖父母の父母は「備品」で、それゆえに「主人」の所有物だった。十七世紀に遡《さかのぼ》る事実だが、これが十八世紀、十九世紀まで続いた。三世紀の間、千二百万から千三百万人もの人間が備品に変えられた挙句、拷問され、レイプされ、身体を切断され、殺されたが、それらの行為はいっさい処罰されなかった。四世紀後、問題は依然として存在し、今なお消えていない。わたしのケースでは、遠いはずのものが近く、今は自分の名前と自分なりの歴史を持っているとはいえ、過去はわたしの現在なのだと自覚することが日常的にある。備品だったという過去が、わたしを訪ねてきて居室のドアをノックする。そしてわたしのケースが皆のケースではないとしても、大勢の人びとのケースなのだ。これについては後述する。

今はとりあえず、「黒人」とは「備品」なのだと言っておこう。

ええ、けれどそれなら、「備品」って何なの?

一九七九年。わたしが八歳のとき、ビスケットの新商品がスーパーの陳列台に置かれた。「パプア」という、チョコレートとヘーゼルナッツのビスケットだった。パッケージに描かれている黒い肌のおじさんは、バナナでできた腰巻きを着け、逆立った髪を一本の大きな骨で結わえ、分厚くて赤い唇を引き伸ばし、嬉しそうに笑っている。商業広告で、「黒人」はいつも笑っている。彼らが笑うのは、チョコレートやお米やコーヒーが好きだからだ。生きることが好きだからだ。無邪気で「抜け作」で、単純な生きもので、自然に近い存在だからだ。そもそも、彼らはジャングルで生活しているのだ。数年後には、ビスケット製造業のサン゠ミッシェルがチョコをコーティングしたビスケット、「バンブーラ」〔この語はもともと黒人の踊りや「浮かれ騒ぎ」を指し、人種差別的な意味を含んでいる〕を考案した。わたしは一度も食べたことがない。わたしはチョコレートが嫌いなのだ。

十九世紀には、アルテュール・ド・ゴビノー〔フランスの思想家、一八一六〜八二〕が『人種不平等論』〔一八五三〜五五年の著作。*Essai sur l'inégalité des races humaines* 未邦訳〕を書き、その中で、「黒人」の思考能力は「凡庸であり、無能ともいえる」と述べた。二世紀後、フランスであるサッカーチームの監督を務めるウィリー・サニョル〔一九七七年生まれ〕が記者会見のときにゴビノーとまったく同じ見解を押し付けてくるのを聞き、わたしはびっくり仰天した。「典型的なアフリカ系の選手の強みは、よく言われているように、ピッチでのぶつかり合いに強いという点だ。でも、サッカーはそれだけじゃ駄目で、テクニックや頭の良さが必要だ」と。

つまり、「備品」とは頭脳ではなく身体なのだ。「典型的なアフリカ系の」身体なのである。知的能力が限られているため、「黒人」たちは「女性」たちと同様に、後見人に身をゆだね、「彼ら」そして「彼女ら」にとって良いことを教えてもらわなければならない、というわけだ。「娘たちは、自分たちは従順であるように作られていると思っている」と、ジャン゠ジャック・ルソーがかのゴビノーの一世紀前に書いている。しかし、「女性」と同じように「黒人」が身体だとしても、それは柔らかくて美しい、繊細な身体としてはイメージされない。そうではなくて、必然的に野性的で不器用な、原初期人類の身体、猿と人間の中間としてイメージされる身体なのだ。このことに関して、スイスの博物学者、カール・フォークト〔ドイツ出身、一八一七〜九五〕が一八六五年刊〔原著一八六三年、フランス語訳は一八六五年。未邦訳〕の『人類についての講義――地球の創造と歴史における人類の位置づけ』にこう書いている。「ニグロが完全に直立することは稀である。たいていの場合、膝は少々曲がっていて、脚は湾曲し、そり返っている」。じつは今日わたしは、一九八〇年代のコメディ映画『アフリカ人』〔フランス映画、日本では未公開〕の中で、肌の色の白い喜劇役者が「黒人」の真似をしているのを見て、過去に同じ寸劇を見たときに自分が貫かれた感情を思い出した。当時のわたしは十歳ぐらいの少女で、「ノワロード」のイメージからやっと解放された頃だったが、またもや自分自身から追い出されて、今度は「アフリカ人」なるものに投影されている気がしたのだった。一難去ってまた一難だった。現在ではわたしがこのシークエンスを見るときにショッキングに感じるのは、台詞ではなく、身振りだ。喜劇役者が登場するシーンでは、一瞬でその身体全体が別のものに見えてくる。彼は顎《あご》を極端に前にずらし、目を極端に見開き、手首の曲がった手は自分の頭の上に置き、膝を折り曲げて背中をそらせて歩き出す。彼は寸分たがわず、十九世紀の学者カール・フォークトの描写を再現している。この喜劇役者は猿の真似をしている。せめて本人に自覚はあるのだろうか。最近のインタビューで、彼は次のように語っている。「この映画にレイシズムはかけらも含まれていなかったよ。当時はふつうにおこなわれていたことで、誰も不快に思わなかった。むろん、今と同じように表現の自由があったわけだけど、最近と違って、そんなに他意があるとは思われていなかった」。わたしが思うには、彼はここで正直に語っているが、それだけに、気づくことなく「人種」のコードに嵌《は》まっている。彼が手や膝の動きや腰のそり返りなどの身振りをしているところに立ち会って、この目で見てみたかった。喜劇役者が心の中で、「やったぞ。『黒人』の演じ方がつかめた。こういうふうにやってこそ『黒人』だ！」と思ったそのとき、その場に居合わせてみたかった。彼は人間を演じているつもりだった。猿を演じていると気づいていていなかった。

クリスチャーヌ・トビラ〔フランス海外地域圏ギアナ出身の政治家、一九五二年生まれ〕が法務大臣になったとき、さらには同性婚に関する議会審議のとき、「黒人」に関するあらゆる表象がどっと出てきた。膨大な量で、どれも理性を欠いていて、時代遅れだった。あらゆるものが出揃った。「極端なことを言えば、彼女が内閣にいる姿よりも木の枝にぶらさがっているところを見たい」と、極右政党「国民戦線」〔二〇一八年、「国民連合」に改称〕のある女性候補者は言い放っていた。同じ時期に、『ミニュット』〔フランスの極右週刊新聞、一九六二〜二〇二〇年発行〕が第一面に法務大臣の写真を載せ、次のようなキャプションを付けていた。「猿のようにずる賢いトビラは、大好物のバナナを手に入れた」。物まね俳優たちからも、彼らがカリカチュアライズしようとしている本人のパーソナリティーに特徴がありすぎてお手上げだ、という印象がはっきり感じられた。トビラの早口や、スピーチのあちらこちらに申し分のない教養を感じさせる引用をちりばめる話し方を真似できた者は一人もいなかった。独特の話し方を真似するどころか、肌の色にばかり気を取られて、「黒人」なるものを模造するばかりであった。

「備品」とはつまり、文明に入る手前の身体である（それに、フランスの大統領が「アフリカの人間はまだ歴史の中に入っていない」〔二〇〇七年七月にニコラ・サルコジがセネガルのダカールでおこなったスピーチの中の一文〕と言っていたではないか）。自分の思うように動くことの許されない身体で、とるべき手順を指定され、働き、動き、次のとおりの指示に従って食事する。「奴隷の主人たちは毎週、所有する十歳以上の奴隷たちへの食料として、パリの尺度で二杯半のキャッサバ粉あるいは一個あたり最低二リーヴル〔重量単位で約五〇〇グラム〕のキャッサバパンケーキ三個、もしくはそのほかの相当するものと、二リーヴルの塩漬けの牛肉あるいは三リーヴルの魚、もしくはこれらに準ずるものを与えよ。子供の奴隷たちには、乳離れしたときから十歳になるまでは、上記の食料の半分の量を与えるべし」。これは黒人法典の第二十二条である。

「備品」は疾走できる身体でもあるわけだが、次の点を間違えないようにしよう。「黒人」が速く走るようになったのはつい最近のことだ。二十世紀半ばまでは、走るのがとても遅く、少なくとも「白人」よりずっと遅かった。「ニグロは筋肉のたくましさにおいても劣っている」と、ゴビノーは補足していた。今日よりも少し前の時代に書かれたスポーツの解説コメントを読んでみるのは、非常に興味深い。そこには、「黒人」が競走やそのほかのあらゆる運動競技で勝利できないのは明白であり、その理由は単に「黒人」であるからだ、その「自然」が勝利を妨げるからだ、と確信をもって記されている。二十世紀初頭にエドウィン・ヘンダーソン〔アメリカの教育者、一八八三～一九七七〕という肌の色の黒い体育教師が、バスケットボールをワシントンDCにおける黒い肌の人びとの共同体に導入しようとした。それには公然たる政治的目的があった。この体育教師は、人種差別的な紋切り型を、すなわち「黒人」が生まれつき劣等だという決まり切ったイメージを覆そうとしたのだ。その当時、皆にとっての常識として、「黒人」はけっして優秀なアスリートになることができないと見なされていた。なぜなら、彼らはただでさえ肺機能が脆弱《ぜいじゃく》である上、足やふくらはぎや腿《もも》が独特の構造をしているせいで、走ったり跳んだりすることの妨げになるから、さらには持久力とコーディネーション能力が欠如しているから、ということだった。誰の目にも、「黒人」は何かが欠落している存在だったのだ。

　これらのステレオタイプの流布に抵抗しようとしたエドウィン・ヘンダーソンの擁護論を読んでみると、驚かずにはいられない。というのも今日では、「白人」アスリートが「黒人」アスリートとの競走で勝てないのはいたってノーマルなこととされているからだ。なにしろ、「黒人」の「自然」はまさに持久力があり、速く走り、高く跳び、遠くまでドリブルする身体能力だと、毎日のようにどこかで言及されている。

インターネット検索エンジンのボックスに「なぜ『黒人』たちは走るのが速いのか」と入力すると、例によっていくつかのネット掲示板が見つかり、その利用者たちの会話や意見が表示される。

「たしか、『黒人』たちのへその位置がほかの人間と少しだけ異なるからだよ」

「彼らは筋肉が一つ多いんだ」

「彼らはふくらはぎが細いから短距離には強い。けど、『黒人』が山岳部でのトレッキング一五〇キロメートルで勝つのを見る日は絶対来ない」

「彼らは足首の曲がり方が特別なのさ」

「彼らは上半身よりも脚が長いからなあ」

つまり今日では、「黒人」たちは、何かが欠落している存在ではなく、何かをより多く持っている存在なのだ。ジェシー・オーエンス〔アメリカの男子陸上競技選手、一九一三〜八〇〕が一九三六年のベルリン・オリンピックでメダルを四つ獲得したときから、身体の解剖学的構造と生理が「黒人」たちを有利にしていると指摘する理論が聞こえてくるようになってきた。あまりのことに、ウィリアム・モンタギュー・コブ〔ハワード大学で解剖学、および自然人類学を教えていた肌の色の黒い教授）は、ジェシー・オーエンスと、肌の色の白い競争相手たちの身体のパーツすべてを計測することにした。この計測が到達した結論では、彼らの間に解剖学上の違いは一つも存在しなかった。コブは研究の結果を発表し、そうすることで事実に基づかない思い込み、先入観をせき止めることができると思っていた。しかし、彼の結論は一つも受け入れられなかった。「特別な何かを持っている『黒人』」という理論はその後も方向を変えることなく続き、毎年たくさんの記事や論文を提供するようになっている。それらを書いているのは、さまざまなエキスパートたち、科学者たち、思想家たちであり、その内には白い肌の者も黒い肌の者もいて、皆一様に「運動競技における『黒人』の優越」の証明に躍起になっている。最近発行された科学雑誌は次のような表現を用いていた。「ゆえに一般論として黒人たちは白人たちより速く走ると断定する誘惑に駆られる」。そうね、たしかにそこには非常に「誘惑的」な感じがある。また、『黒人アスリートはなぜ強いのか？——その身体の秘密と苦闘の歴史に迫る』〔星野裕一訳、創元社、二〇〇三年。原題は *Taboo: Why Black Athletes Dominate Sports and Why We're Afraid to Talk About It*〕というタイトルの本もある。著者のジョン・エンタイン〔一九五二年生まれ〕はアメリカの保守派ジャーナリストで、彼はレイシズムとエセ遺伝学の混合を得意としている。彼に言わせると、「黒人」たちがメダルを獲得するのは至極当然なのだ。なぜなら、「黒人」たちは特殊な「自然」の持ち主だからだ。その後、ジョン・エンタインが出した別の本には、『アブラハムの子供たち——選民の人種、アイデンティティ、ＤＮＡ』〔*Abraham's Children: Race, Identity, and the DNA of the* *Chosen People* 未邦訳〕という意味深長なタイトルがついている。

そういえば、数年前、白い肌をしている人で、わたしに対してまったく好意的な人が、ある夕食会の席で、科学的にいっさい疑いの余地のないこととして教えてくれた。「『黒人』の人たちはスプリンターの遺伝子を持っているんです、すでに立証されたことです」と。そのときテーブルを囲んでいた、肌の色の白い人たちと、肌の色の白くない人たちが揃って同意を示した。肌の色の黒いある男性は誇らしげにこう付け加えることまでした。「たしかに、われわれは走るのが速い！」と。彼の走るところをつい最近目撃していたわたしは、その場面を撮影しておかなかったことを強く後悔した。撮影しておけばその映像は、競走における「黒人」の優越を主張するあらゆる理論に対する痛烈な反証になり得ただろうから。この考えがわたしの頭をよぎった後、会話が再開し、例の肌の色の白い、非常に好意的な人がわたしのほうに向いて、唇にやさしい微笑みを浮かべつつ言った。「あなた方はわたしたちと比べると筋肉が遥かに重い。それだからあなた方は水泳が得意ではないのですよ」。こうして、この日わたしは一気に教わったのだった。自分は走るのが速いが、泳ぐのは下手だということを。その時期、世界中のすべてのテレビ局がロンドン・オリンピックの模様を放映していた。わたしが中継放送で見た場面では、肌の色が白いとはいえないフランスの若い競泳選手が、彼女の仲間たちとともに、四×二〇〇メートル自由形リレーで銅メダルを獲得していた……。

当面ここでは、「備品」とは「典型的なアフリカ系の」身体で、走るのが速いが、泳ぐのは下手らしいと言っておこう。

ああ、「黒人」たちとアフリカ大陸！　わたしはフランス人だけれども、それでも、しばしば帰国を提案される。ある採用面接を受けたとき、人事の男性が「自分の国」で職を求めたほうがいいのではないかと、柔らかな物腰でわたしに勧めてきたことまであった。彼によれば、そうしたほうがわたしの場合は「採用の可能性がよほど高い」ということだった。「自分の国」か……。でも、それってどこの国のことですか？　何人かの人びとにいきなりこんなふうに質問を投げかけて、じっくり考える時間を与えずに返事を急かせば、「黒人」はアフリカの人だという答えが返ってくるだろう。しかも、質問を受けた人たちがどんな肌の色をしている場合でも、そういう回答が返ってくる。第一、「黒人」を指すとき、その「黒人」がどこの出身であっても、「アフリカ系何とか」「アフリカ系ヨーロッパ人」「アフリカ系の子孫」「アフリカ系アメリカ人」などと言うではないか。「アフリカ系」は、「黒人」を指すときの適切な用語ということになっている。つまり、「アフリカ系」であるためにはアフリカ人である必要はなく、単に肌の色が黒ければいいのだ。「アフリカ系」は肌の色だけでなく、髪型や、装飾品や、ファッションや音楽の様式のことも言う。ある物事に「黒人」が一人でも関与していれば、それは「アフリカ系」だとされる。

「黒人」たちとは、すなわちアフリカのことで、「黄色人種」たちといえば中国であるように、考えずとも勝手に生じる広く共有された発想であり、わたしたち全員が呼吸しているレイシスト的な空気の蓄積だ。いずれも人をその属性に還元してしまうわけだが、肌の色の黒い人がその対象である場合には、そこにちょっとした特殊性がある。中国はひとつの国だが、アフリカは大陸だ。にもかかわらず、アフリカが持ち出されるのには、二つの前提がある。①アフリカ人全員の肌の色が黒いということ、②アフリカを構成する国々には個別の文化が存在しないということ。五十カ国以上が含まれているのに、「黒人」たちの国とはアフリカ全体のことで、国境や文化や歴史の区別はないに等しく無視される。これは、「備品」であったわたしたちの過去があらゆる出自を、あらゆる記憶を禁じたせいだ。男性なり女性なりが「備品」になるには、自分が自分であることをやめなければならない。すなわち、アンゴラ人、ギニア人、ガンビア人、コンゴ人、村長、商人、戦士、農業従事者、教師、教授などであることをやめなければならない。男性なり女性なりが「備品」になるには、自分自身の過去の輪郭をぼかし、思い出を禁じ、言語を禁じなければならない。

ひとつの大陸がひとつの国のように扱われ、「黒人」なるものが作り出される。これは、ある出自に閉じ込められていながら、過去に戻ることも叶わない内なる亡命者、祖国なき者であり、それでいて、居住地を自分の場所とすることも妨げられる存在だ。「黒人」は、「ユダヤ人」「アラブ人」「黄色人種」などと同様、たとえ何世紀も前からここにいても、ここの出身ではないとされる。「黒人」は、「黒人」である以上、「イスラム教徒」「ユダヤ人」「黄色人種」などと同様、必ずよそから来た者と見なされる。永久に「よそ者」にとどまる。そして、世界中の国粋主義の政党は、この異質性、実質的な「よそ者性」の強迫観念を通して生きている。「ここはわれわれの国だ！」と叫んで、彼らはこの根本的な不純物を排斥する。国粋主義者たちは、「正統な」民の、彼らの言葉でいえば「代々続いてきた」民の擁護者でありたがる。彼らが使命感をもって保全しようとするのは、そこに暮らすすべての人の外見が類似しているような理想の祖国、つまり地上の楽園のような国だ。彼らの感覚では、肌の色の白くない、あるいはカトリック教徒でないフランス人が何世紀も前から存在している、などという事実は受け容れがたいのである。

極右勢力の夢は、「同一性」の理想、正確な「同類性」の理想である。皆さん、お気づきでしょうか。「純粋な」とか「純粋性」といった単語が最も高い頻度で活用されてきたのは、国粋主義者たちの言葉遣いの中でであったということに――。これらの単語は、国粋主義者たちの言説のためにだけ発明されたようにさえ思える。ファシスト以外で、誰が「純粋性」を夢見るでしょうか。ある文明がほかと混合されることなく存続できるなどと、誰が信じるでしょうか。国粋主義者たちが夢見るのは、すべてが単純で、皆が互いに似ていたという、じつは一度も存在したことのない「昔」です。そうした失われた理想郷をふたたび見出すために、彼らは永遠の「よそ者」を追い詰める。まるでかつて金を探していた人びとのように、望ましい要素と望ましくない要素を分離しようとする。法務大臣のくせにクリスチャーヌ・トビラ〔二〇一二～一六年在任〕が国歌「ラ・マルセイエーズ」を歌わないと指摘し、それによって「『本当の』フランス人」なら、つまりは「白人」ならば、こんなことは絶対にないだろうと強調したがった。そして、仮に女性や男性の政治家たちのうちに国家を歌わない者がいたとしても、彼らの肌の色が白ければ、それは問題にされないのだ。

極右の者たちは、前文部科学大臣、ナジャ・ヴァロー゠ベルカセム〔二〇一四～一七年在任。一九七七年生まれ〕の改革の一つひとつに彼女がアラブ人である証拠を見て、彼女がおこなったあらゆる決定にフランスの文化の基礎を壊そうとする意志を見抜いたかのように振る舞った。あたかもモロッコ出身の彼女はフランス文化に属し得ないかのように。国粋主義者たちは、隠れた敵という強迫観念に取り憑《つ》かれている。彼らは、たとえばツチ族を「ワモンゴキブリ」と言い、ユダヤ人を「害虫」と言い、アラブ人を「ネズミ」と言う。自分たちの周りに地を這《は》い、地下に潜伏する敵の存在ばかり感じているのだ。国粋主義者たちは、調査し、数え、追い詰める。プロファイリングカードや、烙印代わりの星印や、タトゥーを欲する。数量化し、政令を作成する。ジム・クロウ法〔一八七六年から一九六四年まで米国の南部諸州に存在して、人種隔離を合法化していた州法〕は、「黒人またはインディアンの血が少なくとも八分の一流れている者は、黒人またはインディアンである」と規定していた。第二次世界大戦中にドイツに協力したヴィシー政権下のフランスは、一九四二年二月十七日の法律で、「アルジェリアで生まれた子供で、親がイスラム教徒の身分で統治されていて、両親ともアルジェリア原住民、あるいはフランス人として保護されている原住民である場合（中略）当該の子供は共和国市民としての権利を享受しない」と定めていた。ヴィシー政権体制におけるユダヤ人の身分についての法律は、「祖父母のうちにユダヤ人が三人いる者、もしくは祖父母のうち二人がユダヤ人で、本人の配偶者もユダヤ人である者は、ユダヤ人である」と述べていた。さらに、ツチ族についても同様に、「ツチ族と見なされる者は、次のように……」と定義され得ただろう。

「不思議だと思いませんか？　フランスでは、保守的な方々は自分の雌の猟犬が、あるいはご婦人は自分のペキニーズが、下品な街角の野良犬と仲良くするのを必死になって阻止するのに、同じ人びとが自分たちの娘をひどい欠陥のある外国人に引き渡してしまうということ、人種的観点や、さらには公衆衛生的観点から見て怪しい、そんな外国人――そのほとんどがユダヤ人――に引き渡してしまうなんてどうかしていますよ」。こんな発言を流す番組が、ヴィシー政権下の一九四三年一月には国営ラジオで、「人種防衛のためのフランス連盟」なる組織によって提供されていた。

わたしのことを取り上げたサイトに書いてあった。「『白人』の名前を持つ、この『黒人』は誰?」と、軽率だなあ、黒い肌をしているのにタニア・ド・モンテーニュと名乗るなんて! わたしのファーストネームはロシア系で、名字のほうはボルドー由来。しかも、フランスの人間考察家《モラリスト》のうちでも特に偉大な人物の一人が名高くした名字だ。これでは、何だこりゃ、ということになる。「『白人』の名前を持つ、この『黒人』は誰?」わたしが生まれてから最も多く受けてきた質問は、「それ、あなたの本当の名前ですか?」である。第一、わたしの名前を検索エンジンのボックスに入力すると、検索候補の一番目に出てくるのが「出身」で、そのすぐ後に上がっているのがこれだ。「タニア・ド・モンテーニュ　本名」。

一九九六年八月。わたしは二十四歳で、「ニュル・パール・アイユール」〔ニュース、音楽、お笑いを交えたトーク番組〕のコラムニストとして、カナル・プリュス〔フランスの有料民間テレビ局〕に採用されたばかりだった。二十世紀の終わりごろ、黒い肌のメンバー第一号としてわたしが参加したこのチャンネルは、開かれた精神の範を示すと毎日のように公言しているにもかかわらず、肌の色の異なる人を一人も混在させていなかった。黒い肌の人間がチームに入るのは信じられない出来事だと多くの人びとが思っていたようで、手始めに、白い肌の警備員たちにわたしは局の入口で止められた。

「ちょっとちょっと、何の用かな?」

「えーと……。こんにちは。仕事をしに来ました」

「へえ、そうなのか。仕事って、どんな仕事？」

疑い深い様子で、仁王立ちで手を腰に当て、警備員たちはわたしをじっと見る。わたしは

「レギュラー出演者なので」と答え、チャンネルの番組をループ再生しているホールの画面を指さした。見るからに、わたしの回答は彼らを満足させていなかった。彼らはトランシーバーで通信したり、わたしの身元や保証を確認したりした。というのも、何かがおかしいのだ。今までにこのビルの中で「黒人」女性とすれ違うことは稀だったし、その稀な「黒人」女性たちは清掃婦ばかりで、彼女たちは夕方か早朝には来ても、日中に来ることはまずなかった。そのため、ある種の混乱が生じていた。この「黒人」の女、こんな時間にホールで何をしているんだ？　長い一日になりそうだと感じて、わたしは腰を下ろし、待機した。このときはまだ、このプレリュードがカナル・プリュスにおけるわたしの人生の色合いを決めることになるとは知らなかった。九カ月後、チーム全員がカンヌ国際映画祭を訪れた際、今度は別の警備員たちとわたしは話し合わなければならなかった。その警備員たちが見張っていたのはナイトクラブで、入場はチャンネルの従業員と局の招待客に限定されていた。ふたたび、質問された。

「何の用かね？」

わたしは場所に適した回答を試みた。

「踊るためよ」

「ここはカナルの従業員専用なんだ。青いバッジが必要だよ」

青いバッジを差し出した。

「ああ」。警備員はがっかりした様子だ。「しかし、赤いバッジも必要だ」

赤いバッジを差し出した。

「オーケー。でも、あんたがそれを盗んだのでないという証明がない」

ここまで来て、わたしの自制心も底をついたと白状しなければならない。

だけど、カンヌ国際映画祭についてはここまでにして、仕事の初日の話に戻ろう。一連の長い確認作業がおこなわれて、それはあのCIAが甘くてゆるい組織に思えるほどだったが、結局わたしはホールをあとにすることを許され、目的のオフィスに向かった。その先で待ち受けていたのは『ル・パリジャン』〔フランスの日刊新聞、一九四四年創刊〕の女性ジャーナリストだった。彼女の顔や名前はもう記憶から消えてしまったが、なんだか圧を感じさせる雰囲気だったことだけは憶えている。わたしたちは席についた。彼女がわたしに微笑みかける。最初の質問はニュートラルだった。

「この番組のチームに入ったことに満足していますか?」

わたしは「はい」と答えた。実際、満足していたから。

「で、あなたのファーストネームはどこから来たんですか?」

少し動揺し、わたしは言った。

「さあ、それはわたしの母に訊かないと」

ジャーナリストは微笑んだ。それから、本題に入ってきた。

「ド・モンテーニュって、立派な名字ですよね。芸名ですか？」

「いえ、違います」

「そうなんですか？　ここだけの話として、言っていただいて構いませんよ。本当の名字じゃないでしょ。本当はなんという名字なのですか？」

「いえいえ、本当の名字です。ほかにはありません」

ジャーナリストがわたしに、本当の身元を、「黒人」としての身元を白状させたがっていることは分かった。この人はそのためだけに来たのではないか、という気さえした。わたしの数々の否認にもめげず、彼女はわたしを正しい方向に向かわせようとして、わたしの本当の名前がきっと「Ｎなんとか」や「Ｍなんとか」から始まるはずだと示唆した。彼女が提案してきたいくつかの名字は、いずれも彼女が思うところの典型的な「黒人」の名字だった。

「たしか、あなたの名字はエヌドゥンべとか、ンゴジとか、ムワナとかいう響きだった気がするんですが、違いますか？」

　そのうちの一つがわたしの名字であってもよかったのだが、実際にはそうではなかったので、彼女は非常に機嫌が悪くなった。

「あら、そう。じゃあ本当の名前なんですね」。声色は冷淡になり、笑顔もなくなり、表情が険しくなった。「確かですか？」

何世紀も前から存在する名字なのに、未だにわたしは自分の姓の正統性を証明する必要に迫られる。わたしの名前があたかも盗品の洋服であるかのように、この女性はわたしに名前を返還させ、物事の秩序を取り戻そうとしている。「『白人』の名前を返せ！」と、わたしに言っているようだ。「借り物の名前を返せ！」と。彼女のような人たちにとって、わたしみたいなのは厄介者で、本当の「自然」を偽っている存在なのだ。黒人が「黒人」らしい名前を持ち、ユダヤ人が「ユダヤ人」らしい名前を持ち、アラブ人が「アラブ人」らしい名前を持てば、秩序が保全され、万事うまく収まるのだ。もし十九世紀ロシアの詩人プーシキン、また、十九世紀フランスの小説家デュマの肌の色が黒かったら、そんなことがあっては話が狂うでしょ、というわけだ〔実はプーシキンもデュマも肌の色の白い男性と肌の色の黒い女性の血を引く混血だった〕。「黒人」「イスラム教徒」「ユダヤ人」「黄色人種」などは、いかなるときでもすぐそれと気づかれるようでなければならない。その人物の人柄とアイデンティティを成すすべてが、彼を「善良な市民」から区別するのに役立たなければいけない。もし足跡や手がかりがかき消されでもしたら、すべてがめちゃくちゃになる。わたしは数年前に新聞で読んだあのニュースを思い出す。ルワンダで起こったジェノサイドのとき、首都キガリ出身のフツ族の殺人者たちは、地方では虐殺に加勢することができなかった。なぜなら、彼らは幾度も誤って……フツ族の者たちを殺してしまったからだ。彼らはフツ族とツチ族の見分けがつかなかった。「ツチ族」「黒人」「ユダヤ人」「イスラム教徒」「黄色人種」が見えなかったら、彼らを彼らとして識別できなかったら、彼らを彼らが実際にそうである存在として見なすことになる。つまり、ロシア人、フランス人、ルワンダ人、アメリカ人、スウェーデン人、というように見なすことになる。ヴィシー政権時代のフランスでは、政府のユダヤ人問題総合委員会がユダヤ人たちを特定できるように、ある「専門家」の貢献を求めたのだった。医師で人類学者のジョルジュ・モンタンドン〔スイスおよびフランスで活動、一八七九〜一九四四〕は教化冊子『どうやってユダヤ人を見分けるか?』(*Comment reconnaître le juif?*)の著者で、異議申し立ての余地がないと自称する「民族的・人種的」検査を考案した。彼はドランシー〔パリ北東部郊外。第二次世界大戦時には、ナチスに引き渡されるユダヤ人たちの一時収容所が存在した〕に派遣されたとき、ユダヤ人かどうか定かでない女性を観察し、彼女の顔や額や目や鼻、そして体全体の計測を行い、判断の決め手となるような手がかりを探した。彼は報告書にこう書いている。「足は標準的なそり方をしている。顔はどちらかというと長い。頰のしわは一般的な程度。鼻は細く、少しとがっている」。これを読む限り、「異議申し立ての余地がない」はずの彼のテクニックにもかかわらず、ジョルジュ・モンタンドンが決断を下すのに苦労したことが伝わってくる。「顔つきから受ける一般的印象は、幾分ユダヤ人的だ。検査中の身ぶりは、ユダヤ人的ではなかった」。「ユダヤ人的ではない身ぶり」とはいったいどんな身ぶりなのか、残念ながらその定義は報告書に明記されていない。

「『白人』の名前を持つ、この『黒人』は誰?」

わたしのような名前を持っていると、しばしば次のような状況に遭遇する。事前の電話ではマンションの部屋の賃貸契約をほぼ約束してくれていたようだった交渉相手が、いざわたしを目の前にすると、隠れた理由をなんとか見つけて、その部屋を貸さないで済むようにしようとするのだ。わたしのような名前を持っていると、雇用主はあれやこれやの創意工夫を繰り出して、不採用にする理由を説明しなければならない。顔写真を添付せずに作成した志望理由書が求人の内容にぴったり合っているように思われるにもかかわらず、やっぱり採用しないのだから。わたしのような名前を持っていると、こう言われることが多い。「なるほど、面白い。電話でお話ししたときは、こういう感じのお方だとは思っていませんでした」。暗に、わたしが「黒人」の声をしていないと言われているのだ。実際、よく知られているとおり、「黒人」の声は特徴的だとされている。だからこそ彼らは歌が上手い、ということになっている。

「黒人」とはつまり、「アフリカ系」の「備品」であって、走るのが速く、泳ぐのが下手で、歌が上手なのだ。

最近、誰かがあなたに「わたし、『白人』音楽が大好きなの！」と言ってきたことがありますか？　ないでしょう？　そんなこと一度も言われたことがない、というのが普通です。「白人」音楽なんて、「男流」文学と同じで、存在しない。通常、音楽や文学に形容詞は付かない。そしてその音楽や文学を分類するために使用されるのは、スタイルごとのカテゴリー（クラシック、ポップ、ロック、カントリー、推理もの、冒険もの……）であり、けっして演者や書き手の肌の色や性別ではない。それに反して、わたしが何回耳にしたか数え切れないのが、「『黒人』音楽が大好き！」という台詞だ。この熱烈な告白のあとに「どの『黒人』音楽のこと？」と訊くと、たいてい相手はその意味が理解できず、その場が一瞬静まり返る。機会があれば、このテストをしてみてくださいな。「黒人」音楽といえば、「女流」文学と同じで、誰もが分かった気になる。「黒人」は「黒人」の肌で演奏し、「女性」は膣《ちつ》で執筆する。なんと単純なことか。

非常にしばしば、「黒人」音楽の特殊性を裏づけようとして、次のような説明がおこなわれる。「『黒人』が音楽を始めると、リズムが生まれ、即興が入り、たちまち特別なものになる」。わたしがかなり気に入っているのが、この主張にイギリス人音楽学者のフィリップ・タグ〔一九四四〜二〇二四〕が反論した内容で、これは「『黒人』、『アフリカ系アメリカン』、

『ヨーロピアン』音楽に関する公開状」〔Open Letter about 'Black Music,' 'Afro-American Music' and 'European Music.'〕というタイトルのテクストの中にある。「『即興演奏』というのが、楽譜を前にしているかどうかは関係なしに、既存の楽曲を意識的に演奏することも、ほかの演奏を再解釈して演奏することもしないという意味であるならば、それが『白人』よりも『黒人』に向いているとか、サイズ42〔約26センチ〕以上の靴を履いている者に向いているとか、そんなことは誰にとっても断定しがたい」。

一九八三年。わたしは十一歳で、中学校の皆と同じように、モーツァルトや、ビートルズのいくつかの有名な曲や、フランスのスタンダードなシャンソンを嬉々として片っ端から聴いて、音楽的な耳を養おうとした。文部科学省のいったい誰が、リコーダーこそがその目的にかなう最高の楽器だと決めたのだろうか。金曜日の午後、D-デイ、H-アワー〔戦略上重要な作戦の開始日時を表すのにしばしば用いられる軍事用語〕、一週間の終わりの金曜日に特有のけだるさの中、シューベルトの「鱒《ます》」を演奏する順番がわたしに回ってきた。いざやってみると、良い演奏をしている感覚があった。音程を間違えず、テンポも大体よかった。何時間もの血のにじむような努力をして、この曲を練習した甲斐があった。最後の一小節を終え、リコーダーを置き、音楽のガサン先生の判定を待った。うずうずして、不安でもあった。彼女はわたしに「いいわ、とてもいいわ！」と言った。そして、付け加えた。「あなたならできると思っていた、さすがね」。ガサン先生がそこまでの期待をかけてくれていたことに、わたしは鼻高々だった。先生はクラスメートたちのほうに向き直り、こう言った。「彼女の演奏を聞いた？　あなたたちも見習いなさい。タニアにはリズム感がある。彼女のルーツから来ているのよ」。わたしが自分の「ルーツ」とシューベルトの間に関連性を見出し、この曲の練習に費やした時間がたったひと言で無になったことを理解するのには、少し時間が必要だった。わたしの努力には何の価値もない。わたしは「黒人」なのだから、自分の「自然」の傾向に身を任せるだけでよい。音楽ができるのは当たり前。わたしの身体に染みついているのだから。ガサン先生が無自覚に言っているのは、わたしが存在していないということだ。わたしを「ルーツ」に送り返すことで、わたしからあらゆる個性を取り去り、「黒人」でありさえすればどんな「黒人」でも同じようにできただろうという結論を引き出してしまっている。

「黒人」とはつまり、「アフリカ系」の「備品」であって、走るのが速く、泳ぐのが下手で、音楽の演奏が上手なのだ。とはいえ、そんなことは人によってさまざまだ。一部の人びとに言わせると、たとえばディネシュ・ドゥスーザ〔一九六一年生まれ〕はインド系アメリカ人の保守派政治学者で『レイシズムの終焉――多人種社会のための諸原理』〔*The End of Racism: Principles for a Multiracial Society*　未邦訳〕という逆説的なタイトルの本の著者でもあるが、彼によれば、「黒人」たちは「黒人」音楽しか演奏できない。「『黒人』たちが、予期せぬ状況で即断する能力など、いくつかの素質を祖先から受け継いでいるとすれば、彼らがなぜジャズ、ラップ、バスケットボールなどの分野で優位で、クラシック音楽、チェス、天文学などではそうでないのかの説明がつく」。

でも、そもそも「黒人」音楽って何なの？

数年前にパリで、「グレート・ブラック・ミュージック」と題する展覧会が開催された。「世界のブラック・ミュージック」という副題がついていた。展覧会の入口にアメリカ人のマイルス・デイヴィス（ジャズトランペット奏者）や、ジャマイカ人のボブ・マーリー（レゲエの歌手、作曲家、ギタリスト）や、ナイジェリア人のフェラ・クティ（歌手、サックス奏者、アフロビートの創始者）の肖像が並んでいる真ん中に、アメリカ人オペラ歌手、ジェシー・ノーマンの肖像があった。ところが、ジェシー・ノーマンは肌の色は黒いものの、ソプラノ歌手としてキャリアを築いており、主に歌っていた楽曲は、肌の色の白い音楽家たち、たとえばモーツァルト、ワーグナー、ベートーヴェンなどの曲であった。では、ジェシー・ノーマンの音楽は「黒人」音楽なのか、それとも「白人」音楽なのか。それについては、じつはかなりはっきりした答えがある。かの有名な「ワンドロップ・ルール」（これを制定したのはアメリカ南部の人種差別主義者たちだった）という規定が、肌の色の黒い人の血が一滴でも混ざっている人物を、たとえその人物が生まれたのが五世代後であっても永久に「黒人」と見なすように、本件でも、「黒人」が奏でる音楽は必然的に「黒人」音楽と見なされるようだ。では、「黒人」音楽とは何なのか？「黒人」たちによって作られた音楽だ。そのスタイルも、どの国で生み出されたかも、世界のどの地域で生み出されたかも大した問題ではなく、音楽は交流と混合によって作られるということも早々と無視され、「黒人」音楽は要するに「アフリカ系」と見なされる。第一、「アフリカ系アメリカン」の音楽を話題にするとき、人は無意識に「黒人」たちを「アメリカン」ではなく「アフリカ系」に嵌め込む。まるで、肌の色の黒いアメリカ人たちが「『アフリカ系アメリカン』音楽の中の『アメリカン』の部分の創造に何の役目も果たしていなかった」かのように、とフィリップ・タグは述べている。この展覧会を構成するすべての要素が、「黒人」たちこそが音楽を、すべての音楽を発明したかのような結論に行き着いていた。こうして相変わらず、天秤がゼロから最大値へ、最大値からゼロへと傾く。「黒人」たちは、名詞化された（アイデンティティを「本質化」された）あらゆる人びとと同じように、平凡もしくは普通であることを許されず、並外れている（「黒人」や「ユダヤ人」や「イスラム教徒」の擁護者たちの論拠）か、役立たず（国粋主義者たちの主張）かのどちらかで、その中間はあり得ないのだ。そういうわけで、わたしはコンスタントに「黒人」を「素晴らしい」と思っている人びとに出会う。そういうとき、彼らは「あなたたちはすでに何でも理解しているんですね」とわたしに言うのだ。この「あなたたち」は「黒人」集団全体を指す。ほかの「黒人」にメッセージを伝達する役目はわたしに課される。当然わたしは「黒人」全員を知っているはずだという思い込みに基づいて——。「黒人」たちが「大好き」な人たち——「『黒人』フレンドリー」と呼ぶことにしよう——は、自分たちが開かれた精神の持ち主であり、寛容だと思っていて、反レイシズムがいいものだということを裏付けるために、いつも決まって「『黒人』は素晴らしい」という論拠を用いる。名詞化された（アイデンティティを「本質化」された）人びとが元々持っているとされる特質が、彼らが擁護されるべきであることを説明する。「黒人」「ユダヤ人」「イスラム教徒」「黄色人種」には親切にするべきだ、彼らの文化はあれほど豊かなのだから、という論理立てだ。しばしば、わたしのことを「素晴らしい」と感じるのに加えて、「『黒人』フレンドリー」の人たちはわたしのことを思ってたいへん心を痛める。彼らは奴隷制という過ちを償おうと、あたかもわたしが奴隷労働の場であった綿花の畑から直接やって来たかのように対応し、自分たちは恥ずかしいと思うと言って、許しを得ようとする。こうして、「『黒人』フレンドリー」の人は「恥じ入る『白人』」となり、「黒人」と「白人」を分離する共同体主義者たちを喜ばせる。共同体主義者が何にもまして高く評価するのがこの悔悟者カテゴリーであり、このカテゴリーの人びとは、特定の属性の人びとの言うことなら何でも無条件で受け入れる。「黒人」「ユダヤ人」「イスラム教徒」などであれば、さんざん辛い思いをしたにちがいないからだ。そんな悔悟者に向けて、フランツ・ファノン〔西インド諸島出身のフランス人思想家・革命家、一九二五〜六一〕は書いたのだった。「わたしが現代の肌の色の白い男性に対して、十七世紀の黒人奴隷売買の責任を取れと要求すると思うか。あらゆる手段を講じて、人びとの精神に罪悪感を芽生えさせようとすると思うか」と。共同体主義者たちはまさにそれを試みる。すると、その試みが成功するのだ。

「『黒人』フレンドリー」の人や、「恥じ入る『白人』」や、共同体主義者にとっては、もしあなたが「黒人」ならば、ただちに「犠牲者」であり、その事実のゆえに、何がどうであれあなたの言い分は正しいのだ。苦しみがすべてに優越する。そのため、「イスラム教徒」を自認する若い男が、「肌の白いあんたらは死ぬべきだ」「ヒトラーを登場させてユダヤ人を殺しちまえ」「オランド〔二〇一二年〜一七年のフランス共和国大統領。在任中に同性婚を合法化した〕のやつめ、ホモ万歳、エイズ万歳だ」と書いたのに対し、聞こえてくるのは反吐が出るような極右のコメントばかりで、その周りには防疫線を模した巨大な沈黙が横たわっている。誰ひとり、この若者の下劣な発言を非難しない。誰ひとり、責任を負うべき単独の個人が発言しているものとして扱わない。「『黒人』フレンドリー」の人や、「恥じ入る『白人』」や、共同体主義者は、何も言えないでいる。彼らのビジョンでは、全員を問題にしないかぎり、そのうちの一人を問題にはできないからだ。特定の人物のことを言えば、グループ全体を指弾することになるからだ。というわけで、だんまりを決め込んでしまう。「恥じ入る『白人』」

たちの沈黙の中に、「人種」が谺《こだま》しているのがはっきりと聞こえる。なぜなら、問題の言葉を書きつけたのが「白人」である場合、彼らは少しの躊躇《ちゅうちょ》もなく、その言葉がどういうものであるかを、つまり、同性愛恐怖症的、反ユダヤ主義的、人種差別的な言辞であることを指摘するだろうから。ところがこのケースでは、それを指摘すると「犠牲者」の立場にいる人を非難することになってしまう。だから沈黙しかない、というわけだ。

「『黒人』フレンドリー」の人たちに似ているのが、女性を「礼讃する」タイプの男性たちだ。女性は僕たちよりも遥かに優れている！　と、我先に彼らは言う。彼らは自分たちの思い入れの対象である「黒人」や女性を特別な存在として眺め、そこからかなり引いた所に自分を位置づける。そのゆえに、「『黒人』フレンドリー」の人も、「女性礼讃者」も、「黒人」や女性を擁護するために熱烈に語るのだが、自分たちがたいていの場合に女性がほとんどいない環境、ないし肌の色の白くない人びとがほとんどいない環境で暮らしているということに気づかない。自分たちの擁護対象を特殊な問題を抱える特別な存在のように思い描くあまり、「『黒人』フレンドリー」の人や「女性礼讃者」は無意識のうちに、自分には、いわゆる当事者集団と同じほどの当事者意識を持つだけの正統な理由がないという思いを抱く。そうすると、「『女性』の抱える問題」や、「『イスラム教徒』の抱える問題」や、「『黒人』『ユダヤ人』『黄色人種』などの抱える問題」があって、それらについては、「女性」「イスラム教徒」「黒人」「ユダヤ人」「黄色人種」のみに発言する権利があるということになる。つまり、問題はそれらの人びとに固有の「自然」に由来しているのであって、文化とは関係ないとされるわけだ。たとえば、新聞で「女性は男性よりも平均給与が二十五パーセント低い」という文を読むと、人は、これは「『女性』の抱える問題」だというふうに考える。すると、次のように言うことが許される。「女性」たちの給与がそんなに低いのには、やはり理由があるのではないか？　いったんこう自問するところまでくると、理由などいくらでも見つかる。しかも、たくさん見つかる。彼女たちは有能さにおいて劣っているのではないか、忍耐力が足らないのではないか。そしてたちまち究極の、決定的な理由が浮かび上がる。「女性」は子供を産む存在だ、したがって必然的に、彼女たちは男性たちに比べて時間が自由にならない、という理由である。もちろん、子供を産まない女性の場合でも、産む可能性がある以上、話は結局同じことになる。こうして社会の仕組みではなく、女性たちの「自然」が論点になってしまう。もし「男性は女性よりも平均給与が二十五パーセント高い」という言い方をすれば、きっと異なる問いが浮かび上がるだろう。その場合には、人は当然、なぜそうなのかなと思うはずだから。男性たちのほうが高い給料を得ていることを正当化する理由を見つける必要があるだろう。すると、次のことを確認せざるを得ない。この問題は単に特権者は誰かという問題で、先に来た者が得をする、早い者勝ちという事実によるということだ。そこに自然はまったく関係していず、能力も関係していない。しかし、権力は関係している。もしこの世が母権制であったなら、もしかしたら女性たちがいちばんおいしいところを我が物にしていたかもしれない。今よりいいポストや、いい給料を得ていたかもしれない。もしかしたら、女性たちは自分たちの貞操のために、男たちの下半身を支配し、男たちに結婚の日まで童貞でいることを強いてまで、一家族全員の高いモラルを証明しようとしたかもしれない。もしかしたら。

「人種と性の概念は、想像の産物であって、法的に追認され、物理的に効果的だといえる」。このように、社会学者のコレット・ギヨマン〔フランス人で、反レイシズムおよびフェミニズムの活動家でもあった。一九三四～二〇一七〕が『レイシスト・イデオロギー』〔*L'idéologie raciste* 未邦訳〕という本に書いている。

人びとの想像の中に溢れかえっているテーマといえば、間違いなく性に関することだ。多くの人と同じように、わたしは黒い肌の男たちは性器が大きいと思う。別に、黒い肌で性器の大きい男たちを見たからではなく、そういうことになっているからだ。わたしは「黒人」を思い浮かべると、大きな性器が思い浮かぶ。これはわたしに限ったことではない。古代ローマ帝国のギリシア人解剖学者クロード・ガレノスも、すでに紀元後二世紀に書きつけていた。「『黒人』は陽気で、異常に長いペニスを持つ」と。これはどういうことだろうか。科学者たちが肌の色は性器のサイズと関係ないと証明してからすでに相当な年月が経つのだが、どう見てもその証明では状況が少しも変わらなかったわけだ。大きな突起のついた「黒人」という性的幻想は、今なお健在である。

少し前に、わたしはこれまで考えもしなかったことに気がついた。「黒人」女性の性器も大きいということだ。レストランで、わたしの席の近くのテーブルにいた三人の若い女性たちが男性たちについて話していた。うちの一人がこう言った。「わたしは『黄色人種』と、まあ、要するにアジア人とは寝たことがないの」。すると、二人目が「わたしは『黒人』とは寝たことがないわ」と応じた。「あら、そうなの？」と一人目が少し驚いた様子で言った。果たしてそれは、「黒人」と寝たことがないと言った若い娘の肌の色が白くなかった（黒くもなかったけど）からなのか、あるいは本人の性生活に関係する別の理由があったからなのか、わたしには知る由もなかった。それはともかく、三人目がこう言った。「なるほどね。だけど『黒人』ってさあ、結構なことだけど、こっちにも求められることがあるでしょ。だってほら、彼ら立派なのを装備してるじゃない。『黒人』の女性たちなら対応できるだろうけど、それって彼女たちの膣が長いからなのよ」。「えっ、そうなの？」と、相手の女性が言った。「まあ、そうね。『アジア人』女性たちも同じで、彼女たちの膣は短いのよ。そのためにできているんだから」。わたしはこのとき、このぶんでは自分も巨大な性器を持っていることになると気がついた。

「黒人」女性とはつまり、「アフリカ系」の「備品」であって、走るのが速く、泳ぐのが下手で、歌が上手で、性器が大きい。でも女性の性器だから、別に脅威ではない。「黒人」男性たちの性器となると、話が別だ。

二〇一七年初頭、ブロンドの髪と真っ青の瞳を持つ、アメリカ人のある青年が死刑を宣告された。「金髪碧眼《へきがん》」のこの「白人」は、二〇一五年六月のある日、アメリカ南部サウスカロライナ州、チャールストン市の教会に足を踏み入れたのだった。ほかのアメリカ人たち、肌の色の黒いアメリカ人たちが通っていた教会だ。青年は銃を取り出し、発砲した。「出ていけ」と叫びながら。さらにこうも言った。「おまえらはおれらの女性たちをレイプしてる！」なぜかって？「黒人」はそういうことをするに決まっているからだ、やつらは女をレイプする、「白人」の女だけを狙ってレイプする、それがやつらの「自然」なんだ、本性なんだ、というわけである。これは「アラブ人」や「メキシコ人」、要するに「よそ者」に共通することだ。名詞化される（アイデンティティを「本質化」される）人びとは、決まって「よそ者」だ。「よそ者」とは、あなたではない存在で、あなたがいちばん大切にしているもの、あなたの「奥さん」や「お金」を欲しがる。あるいは逆に、いらない物を送り付けてくる。二〇一六年のアメリカ大統領選挙に際して、ドナルド・トランプ候補がこう言ったことがある。「メキシコがわれわれに人をよこすとき、いちばん出来のいいタイプの人はよこさない。皆さんみたいな人はよこさないんです。メキシコが送ってくるのは、問題がたくさんあって、そんなたくさんの問題を持ち込んでくるような連中だ。やつらはドラッグといっしょに来る。犯罪を持ってくる。やつらはレイプ魔なんだ」。この折の選挙でドナルド・トランプは当選した。

「よそ者」の性それ自体もよそ者っぽく感じられ、人びとを猟奇的にし、不安にする。わたしが子供の頃、「白人女性売買」が噂されていた。その頃よりもっと前に発生していた噂だが、その頃も流布され続けていた。

一九六九年。噂が発生したのはオルレアン〔フランス中部の都市〕でだった。町の中心街の「ユダヤ系」商人たちが不正取引をしている、その不正取引は「白人女性売買」なんだ、と言われていた。彼らは若い女性を店の試着室で罠にかけ、薬物を飲ませ、そして夜、船に乗せて連れ去る。行く先は遠い国々の売春宿だ。混乱が町を襲い、洋服店のボイコットが起こり、そのオーナーたちが脅かされた。警察は、失踪の通報は一件も入っていないと発表したが、その発表がこの現象を鎮静化することはまったくなく、むしろその反対だった。商人たちが警察を買収したと糾弾された。「白人女性売買」でため込んだ金を使ったにちがいない、と。「いずれにせよ、わたしは今後、ユダヤ人の店でワンピースを試着することはないわ」と、オルレアンの若い女性がテレビのインタビューでジャーナリストに平然と話した。別の金髪の娘が頷き、「ユダヤ人の店で働いたことがあるから、どういう感じか知っているの」

と言った。誰もが、何かというと「白人女性売買」という言葉を口にするようになっていた。噂はグルノーブル〔フランス南東部の都市〕にまで広がった。そこでも女性たちが、やはりユダヤ人の経営する店で、またもや同じやり方でさらわれたという。次はパリだった。有名なタティ〔安価な服を大量に小売りしていた店〕の試着室が怪しいと噂された。その頃のわたしはまだ幼い子供で、母がワンピースを試着し終わるのを、しばしの間、退屈に抗いながら待っていた。隣の試着室で、呼びかける声が上がった。「わたしがここにいることを伝えておくわね。万一のときのために。そうすれば、もしわたしに何かあったら、あなたが証言してくれるでしょ」。声のトーンに不安と興奮が入り混じっていた。何か異例のことが起きている感じがする。わたしの母がこう返事した。「ええ、そのとおりね。用心するに越したことはないわ」。そうすると、ほかの試着室にいる女性たちもそれぞれ話し始めた。あちらこちらから声が上がり、一人ひとりがほかの人たちに自分がそこにいることを知らせた。店全体がざわざわしていた。いったん試着が終わると、女性たちは試着室から続々と出てくる。滑稽というか、面白いというか、彼女たちの肌の色は千差万別であり、それでいて皆が皆、自分も「白人女性売買」の犠牲者になり得ると思っている。さらわれた人たちの肌の色が共通なのではもはやなく、人さらいと見なされる人たちの信仰する宗教が共通なのだった。噂は事実として定着してしまったので、今でもこれを信じている人がいても、わたしはさほど驚かない。

さて、話を戻そう。先述のあの男、武器を持って教会に立ち入った男について語ろう。彼の名前はディラン・ルーフという。教会に来た彼はまず、肌の色の黒いアメリカ人たちに話しかけ、自分も祈りのグループに加わりたいと言った。ちょうど二十時だった。小教区の信者たちは承諾し、輪を開いて、「白人」のアメリカ人、若い「金髪碧眼」のアメリカ人の場所をつくった。彼は着席し、聖書を手に取り、耳を傾け、祈ったか、祈るふりをしたわけだが、これについては、わたしたちは何も知らない。ここまで、およそ四十分強の時間が流れた。その後、ディラン・ルーフは立ち上がり、四十五口径の銃を取り出し、自分を迎え入れた肌の色の黒い男性たちと女性たちに向かって乱射しながら、言った。「おまえらはおれらの女性たちをレイプし、おれらの国を乗っ取ろうとしてる。出ていけ！」一連の行為の中で、彼が特別な注意を向けた相手は八十七歳の女性、スージー・ジャクソンだった。理由は不明だが、彼は彼女に、ほかの「黒人」に対する以上の殺意を抱き、一個の弾丸では足りないと思った。だから、彼はこれでもか、これでもかとスージー・ジャクソンに向かって発砲した。たった数分の間の出来事だった。八人が即死し、四人が負傷し、七十七個の弾丸が発射された。二十一時にディラン・ルーフは外に出て、静かに遠ざかっていった。その後、彼は「自分の使命」を果たしたと言い、「自分の使命」とは、「『黒人』どもを殺すこと」だと主張した。「黒人」どもは「白人」女性をレイプする危険な存在で、よそ者なのだから、と。ディラン・ルーフのフェイスブックのページで見つかった写真に、彼がクー・クラックス・クランの頭巾をかぶった姿や、アパルトヘイト支持を示す南アフリカの国旗が刺繡されたジャンパーを身につけた姿があった。ディラン・ルーフは「黒人」たちの存在を信じていたのである。

フランスではわたしがこの文を書いている時点から遡ること数カ月、七十代の夫婦が三人の男に殴られ、監禁された。「あんたらは『ユダヤ人』だ」と、男たちが言った。「知ってるぜ。『ユダヤ人』は金持ちだってな。持ってるものをおれたちによこせ」。数時間におよぶ暴行ののち、襲撃した男たちはいくつかの宝石とデビットカードを持ち去った。この三人の男たちは「ユダヤ人」というものが存在すると信じていたのだ。

アメリカで、男性二人がナイフで刺殺され、男性一人が重傷を負った。彼らは自ら身を挺して、イスラム教徒の若い女性二人をかばおうとしたのだった。殺傷行為におよんだ白人至上主義者の男は、裁判所に出廷したときに言い放った。「あんたたちはこれをテロと呼ぶんだろ。おれに言わせればこれは愛国心だ」。この男は、個々のイスラム教徒ではない、「イスラム教徒」なるものの存在を信じているのである。

パリ郊外の街中で、十五歳と十七歳と十九歳の少年三人が、ザン・シャオリン（張超林）という、婦人服デザイナーの四十九歳の中国人を襲った。彼らは、そのデザイナーが「中国人」であるのを見て取って、きっと金を持っているにちがいないと思ったのだった。殴られて倒れたときに頭を打ち、ザン・シャオリンは五日間の昏睡状態を経て、死亡した。彼の所持していたカバンの中身は、携帯電話の充電器とキャンディーだった。襲撃した三人は、「黄色人種」なるものを一枚岩のようにイメージし、その存在を信じていたのだ。今でもなお、そう信じているかもしれない。

それから、米国バージニア州シャーロッツビルの事件〔二〇一七年八月十二日、極右の集会に抗議するデモ隊に白人至上主義者が車で突っ込み、死者を出した〕、それから、カナダのケベック州で起きたモスク銃撃事件〔二〇一七年一月二十九日の夜、イスラム教に敵意を持つ男がこのモスクで礼拝者たちに発砲し、六人の死者、八人の負傷者を出した〕、それから、それから、それから……。襲撃者たちは肌の色も宗教もさまざまだが、ひとつの共通点がある。皆、「人種」を信じているのだ。「人種」なるものは本質的に他者の死であり、破壊や除外を包含している。他者がひとつのモノにすぎないと決まれば、それを殺してももはや問題にはならない。「この女は生き埋めにすべきだ」――わたし自身についてこう書かれているのを読んだことがある。共同体主義者で肌の色の黒い女性活動家が、ウェブ上の彼女のページにそう書いていたのだ。その女性からしてみると、「黒人」である彼女と違う意見を持っているということは、わたしが本物の「黒人」ではないという紛れもない証拠であり、したがってわたしは「白人」であり、したがってわたしは死ななければならないのだ。

皆さんは、サンタクロースは存在しないと悟った瞬間を憶えていますか。急に地面が崩れ落ちるような、あの感覚のことです。白い顎《あご》ひげに赤い衣装の、あの感じのいいおじさんが、空飛ぶそりでしか移動しなくて、ドアよりも煙突を好むあの陽気な人が、トナカイと小妖精と生活しているあの親切な男が、存在していないだなんて。どうしてそんなことがあり得るだろう。あのおじさんなら見たことがあるし、なんだったらスーパーマーケットで彼の膝の上に座ったことだってある。それこそ、彼がたしかに存在していたことの証拠だ。あの素敵な人が、毎年同じ規則性をもって同じ身ぶりをしていた、物事が単純で、不変で、予知できるという安心感を与えてくれていた、あの人が存在していないというの？　そんなことあり得ない。まったくあり得ないと言うほかない。けれども証拠はどんどん積み重なり、容赦なく、有無を言わせない、抗しがたい真実が現れる。サンタクロースは存在しない！　世界が丸ごと描き直される。そしていまや、誰かに贈り物をしたいときには責任を持たなければならず、選び、決断し、代金を払い、包装し、プレゼントをツリーの下に持っていって、喜びに満ちた、あるいはがっかりした眼差しを受け容れなければならない。今後は選択の自由を引き受けなければならない、自分の行動の主体でいなくてはならない、もはや魔法の決定機関が責任を負ってくれることはないのだ。煙突や、空飛ぶトナカイたちや、プレゼントを包装してくれる小妖精たちを捨てて、分かりやすさと魔法にお別れを言わなければ、多種の要素から成る世界に入ることはできない。幻想の外に出て初めて「現実の経験」ができるのだ。

弔《とむら》いの鐘が鳴り、リンゴ何個分かの高さしかない小さき存在の一群が、今しがた「大人」の世界に入った。〈わたし〉はもはや、自分の外に、遠方にいる誰か──「他者」──ではなくなった。〈無意識のわたし〉は〈意識的なわたし〉に、約束に、挑戦に変わったのだ。

さて、この感覚は、すべてが終わり、すべてが始まるようなこの感覚は、わたしが「黒人」なるものは存在しないと悟ったときのものとおおむね同一である。サンタクロースと同じように、「黒人」(そして、名詞化することで本質を言い尽くしたような錯覚をもって語られるすべての人びと、すなわち「ユダヤ人」「イスラム教徒」「ロマ族」ほか……)が人びとを安心させるのは、この世界で、少なくともこの側面だけは把握されているという印象を与えるからだ。

誰ひとり確信を持てないでいるところに、明白さと思われるものをもたらしてくれる。サンタクロースと同じように、「黒人」たちと、名詞化された(アイデンティティを「本質化」された)すべての人びとは常に、人がそうだろうとイメージするとおりの存在である。彼らは、「他者」との関係が不確かで、制御されていなくて、そして制御不可能なのだということを忘れさせてくれる存在なのだ。だから、もし皆さんが今日、サンタクロースを信じるのをやめることができているのなら、あの子供時代の幻滅から立ち直ることができているのなら、この新しい試練に悠然と立ち向かうことができるでしょう。すなわち、「黒人」と、すべての名詞化された(アイデンティティを「本質化」された)存在をリアルなものと信じるのをやめるという試練に。

訳者あとがき

本書は、日本では未だまったく「無名」といってよいだろうフランス人作家、タニア・ド・モンテーニュの二作品を収録しています。すなわち、原著が二〇一五年に上梓されたノンフィクション小説 *Noire : La Vie méconnue de Claudette Colvin*, Paris, Grasset の完訳『黒人女性――クローデット・コルヴィンの知られざる人生』と、二〇一八年に発表されたエッセイ *L'Assignation : Les Noirs n'existent pas*, Paris, Grasset の完訳『「黒人」は存在しない。――アイデンティティの釘付けについて』です。

訳題

このうち、『黒人女性――クローデット・コルヴィンの知られざる人生』の原題のメインタイトル *Noire* は、冠詞なしで提示されているので、「黒人女性」に相当する名詞ではなく、「黒い」という形容詞の女性形です。

それにもかかわらず邦訳タイトルを『黒人女性——クローデット・コルヴィンの……』としたのは、タイトルが直訳によって意味不明に陥ることを避けた窮余の策にすぎません。「黒」を形容詞と受け取るか、名詞として扱うかは、『「黒人」は存在しない。』で論じられる問題でもあるので、この点は特に念押しさせていただきます。

『「黒人」は存在しない。——アイデンティティの釘付けについて』という訳題では、原題のメインタイトルとサブタイトルを入れ替えております。これは、原題のメインタイトルを成す名詞「Assignation」が、英語でいえば「アサイン（assign）すること」を意味し、通常は「割当て」「指定」などと和訳される語なのですが、そう訳したのでは、本作品で取り上げられている問題がフランス語や英語で論じられる際にこの語の持つ意味合いが、然るべく伝わりません。

それゆえ、訳題では思い切って、原題のサブタイトル *Les Noirs n'existent pas* をメインタイトルに格上げするとともに、*L'Assignation* に「アイデンティティの釘付け」という表現を与えてサブタイトルとし、メインタイトルを理解しやすくする道を選びました。

タニア・ド・モンテーニュ

本書の著者、タニア・ド・モンテーニュは作家ですが、同時に、ジャーナリスト、舞台俳優、ミュージシャン、歌手としても活躍しています。人気テレビ番組の司会者だった時期もあり、現在も視聴覚メディアと比較的近く、かなり有名なマルチタレントともいえそうです。しかし、彼女の主たる表現手段はあくまで文筆です。三十歳になった二〇〇一年頃から今日までに、計十冊ばかりの本を上梓しています。主著といえるのは、本書に収録した二作品と、二〇二三年刊行の最新作 *Sensibilités*, Grasset（仮訳題『センシビリティ、あるいは誰も傷つけないための気配り』）[1] などの近著であり、これらは、フランスおよびフランス語圏の読書界で話題となり、後述するとおり、舞台化や映像化の対象にもなり、いくつかの賞にも輝いています。

この著者は一九七一年十二月二十四日、パリで生まれました。父のいない貧しい家庭で育ったのですが、就学したのは、パリ南東のかなり裕福な町ドラヴェイユにおいてだったそうです。小学校のクラスでは、「肌の色の白くないただ一人の生徒」（本書一六六頁）だったとのこと。十七歳のときに、南仏アヴィニョンの国際演劇祭でパトリス・シェロー（一九四四～二〇一三）演出の『ハムレット』に魅せられて以来、ダンスと演劇を学び、音楽と文学を

1　これは寓意小説。その名も Feel Good という出版社で、誰も傷つけず、不快にしない書物に限って出していくという方針を貫く女性を主人公に据え、マイクロアグレッションにばかり敏感な現代人の心理を――悪意なしに、しかし皮肉をきかせて――戯画化し、それを取り巻く社会のリアクションを大胆かつユーモラスに描いている。北米の出版界で今日一般化してきているセンシティブ・リーダーという現象への異議申し立てである。

友として成長しました。

ちなみに、彼女の母方の祖母は、カリブ海のグアドループ諸島で生まれました。母親も同じカリブ海域のマルティニーク島生まれだそうです。父親はコンゴ系米国人のミュージシャンですが、タニアは二〇一四年まで、この父親に会ったことがありませんでした。グアドループとマルティニークこそ、フランスで最も遅くまで——一八四八年の二月革命直後まで——奴隷制砂糖プランテーションが存続していた地域だったことを付言しておきます。「タニア・ド・モンテーニュ」という氏名の由来がおそらくそこにあるからです。

『「黒人」は存在しない。』のテクストの中でも言及されていますが、「タニア・ド・モンテーニュ」はペンネームではありません。本名です。ここでわざわざその点を強調するのは、これが、フランス文化の中で耳にすると、大抵の人が「えっ？」と驚くほど由緒正しく感じられる氏名だからです。そして、それが肌の色の黒い一女性の本名だと聞くと、大抵の人が「えっ、まさか？」と思ってしまいがちなのです。

「タニア」はロシアふうのファーストネームです。姓の前に「ド」という小辞が付くのは通常、貴族の出である印とされています。そして「モンテーニュ」は、十六世紀に名著『エセー』（随想録）を書き、ボルドー市長も務めたフランス屈指の人間考察家《モラリスト》の名前にほかなりません。タニア・ド・モンテーニュはロシア系ではなく、もちろん貴族でもありません。しかし、生まれたときから、何のケレン味もなく、公式かつ日常的にこの氏名で育ち、生き、仕事をし、現在に至っています。

『黒人女性――クローデット・コルヴィンの知られざる人生』

今日、「公民権運動」といえば、それは狭義には、一九五〇年代から六〇年代にかけて、アメリカ合衆国の黒人が憲法で保障された個人の諸権利（公民権）の適用と人種差別の解消を求めた社会運動のことですね。その公民権運動を本格的に起動したのが、米国南部のアラバマ州、モンゴメリー市で一九五五年十二月に起きた事件、すなわち、人種隔離と白人優先を「ルール」化していたアラバマ州管轄下のバスに対する乗車ボイコット運動の開始でした。後年「モンゴメリー・バス・ボイコット」と呼ばれるようになったその運動の発端を作ったのが、当時四十二歳のお針子だった黒人女性ローザ・パークスで、先導したのが弱冠二十六歳のマーティン・ルーサー・キング牧師だったことも、多くの人の知るところです。

キング牧師は一九六四年にノーベル平和賞を受け、やがて世界中で引用され、尊敬されるようになりました。ローザ・パークスも、今では「公民権運動の母」として各地で顕彰されています。彼女は一九五五年十二月一日の夕方、仕事帰りにバスの黒人用スペースに座っていて、立って白人に席を譲れという運転手の強圧的要求を拒否した結果、警官に逮捕され、一時的に収監もされました。彼女の勇気が黒人たちの連帯を呼んだからこそ「モンゴメリー・バス・ボイコット」が実現したというのは、まぎれもない歴史的事実です。

ただ、その蔭に、忘れられていったもうひとつの事実がありました。実は、ローザ・パークスよりも九カ月早く、同じアラバマ州、モンゴメリー市の同じバスで、わずか十五歳の少女がローザ・パークスと同じ態度をとり、警官に逮捕され、収監された事件があったのです。しかも、特筆すべきことにその少女は、当時必ずしも稀ではなかったその種の逮捕事件において歴史上初めて、自分の無罪を主張し、逆に行政当局を訴えたのでした。

ところが、その後、社会運動家や弁護士が協力してその少女の訴訟案件を連邦裁判所に持ち込むという企ては頓挫し、彼女を象徴とする「バス・ボイコット」運動も起こりませんでした。その少女は名をクローデット・コルヴィンといいましたが、結局彼女は、ローザ・パークスのように社会で顕彰される存在にはならなかったのです。いや、それどころか……。それは一体なぜだったのかという問いをめぐって、そこに関与した社会的事情や「人間的」現実を浮き彫りにしたノンフィクション小説が、『黒人女性――クローデット・コルヴィンの知られざる人生』にほかなりません。

この作品は、著者タニア・ド・モンテーニュが語り手として読者に直接語りかけるかたちで一九五〇年代の米国アラバマ州の歴史的現実を説明する部分――原則的に「です・ます調」で訳出しました――と、その現実を出来事として記述する「物語」の部分――原則的に「だ・である調」で訳出しました――を交互に展開しています。その過程で著者は、「一九五〇年代のアラバマ州の黒人」に自己を投影してみる想像力の体験へと読者を誘いつつ、当時の黒人差別のきわめて具体的な実態を克明に描写し、同時に、そうした差別と闘った公民権運動の内部にも存在した、理不尽な男女差別や社会階層的不平等の事実をも浮かび上がらせています。

本作品は二〇一五年に発表され、同年のシモーヌ・ヴェイユ文学賞[2]に輝きました。この作品はまた、語り口やそのトーンからしてもともと演劇ふうなのですが、実際にパリ中心部のロン＝ポワン劇場をはじめ、フランス語圏のいくつかの都市の劇場で舞台化されて好評を博し、テレビでも放映されました。また、脚色を経て漫画本[3]にもなっており、カナダではその英訳版が出ています。

さらに、この作品を原作とする映画が、本年（二〇二四年）のカンヌ国際映画祭で新たに設けられた部門「Immersive Competition」[4]でノミネートされ、数々の競合作品を抑えて最優秀作品賞に輝いたことも特筆に値するでしょう[5]。

2 シモーヌ・ヴェイユ（一九二七～二〇一七、同姓同名の哲学者とは別人）はアウシュヴィッツ強制収容所の生還者でもあって、一九七〇年代から二〇〇〇年代にかけて保健相や欧州議会議長を歴任するとともに、党派を超えて「フランスの良心」とも目されていた政治家。シモーヌ・ヴェイユ文学賞は、二〇一二年にイル＝ド＝フランス地域圏議会によって創設され、以来、ヴェイユの理念を継ぐような文筆作品とその女性著者を顕彰している。

3 PLATEAU, Émilie, *Noire, la vie méconnue de Claudette Colvin*, d'après Tania de Montaigne, Dargaud, 2019.

『「黒人」は存在しない。——アイデンティティの釘付けについて』

このエッセイは、アイデンティティ、人種、レイシズムといったセンシティブな同時代的問題を扱っているだけに、思考や討論を大いに触発します。そのため、この場でもつい議論を延長したり、新たな論拠を付け加えたりしたくなるのですが、訳者がそういうことをするのは僭越と心得、以下の紙幅では、このユニークなエッセイをタニア・ド・モンテーニュに書かせた問題意識の在処《ありか》を、彼女のいくつかの口頭発言から探ってみるだけにとどめます。

二〇二一年九月三十日に、フランス西部の都市レンヌに所在するブルターニュ国立劇場（ＴＮＢ）で『「黒人」は存在しない。』をめぐるトークセッションがおこなわれた際、ゲストとして登壇したタニア・ド・モンテーニュが、『「黒人」は存在しない。』は他人の言葉から、それも話し言葉から生まれた本だと語りました。エッセイの本文と重複するところもありますが、「『黒人』フレンドリー」な人びとから投げかけられた言葉に、彼女がどう反応したかを見ておきましょう。

《『黒人女性——クローデット・コルヴィンの知られざる人生』の出版と、方々での舞台化が成功したあとの時期、わたしは行く先々で歓待を受け、すごく感じのいい人たちに出会えたの。でもね、その人たちは大抵、「わーお、おれ、黒人が大好きなんだよ」「黒人て、うん、みんなイケてるよねえ！」と言ってくる。わたしは顔で笑いながら、心の中では裏腹なことを思った。「そう言われればまあ嬉しいけど、自分は肌の色の黒い人を全員知っているわけじゃないし、それに、知っているうちの何人かはけっこう意地悪だよ」って。それから、「黒人はいいよね、サイコーだよ、なにせ出自《オリジン》があるんだから」と褒めて（？）くれる人も少なくなかった。でも、なんで有色人種だけに出自《オリジン》があって、白人にはないと思うのかが不可解。どうやらその人たちは、出自《オリジン》と重ねるようにしてアイデンティティのことも、そう、近頃やたらと議論されてるアイデンティティのこともまた、肌の色が有色の者だけの特権か専売特許のように考えているんじゃないかな……。とにかくわたしはその頃から、不可解に思った話し言葉を逐一、ノートにメモしていったわけ[6]。》

4 この新部門は、「多様なテクノロジーやテクニックを駆使し、新たなストーリーテリングの方法を開拓した」諸作品のコンペであり、「カンヌ国際映画祭の本来の価値観を継承し、新しいツールを使って新しいストーリーを探求するもの」（同部門のプロジェクト・ディレクターの言葉）と紹介されている。

5 Award for Best Immersive Work of the 77th Festival de Cannes
https://www.festival-cannes.com/en/press/press-releases/award-for-best-immersive-work-of-the-77th-festival-de-cannes/

6 https://www.youtube.com/watch?v=2kSyJrCR2c8

この私的なメモから『「黒人」は存在しない。』が生成したのに違いありません。

『「黒人」は存在しない。』の初版が出た二〇一八年四月の翌月、あるネットメディアのライブ配信番組で、タニア・ド・モンテーニュはロングインタビュー[7]（フランス語）を受けました。その折に彼女は、意味を咀嚼《そしゃく》して日本語に直せばさしずめ次のようになるであろうことを明言しました。

《肌の色を指す「黒」が「黒い」という形容詞として用いられるかぎり、わたしはそれを、自分に当てはまるものとして何の躊躇もなく受け容れます。その場合、「（肌の色が）黒い」のは、背丈、体つき、気質、能力等、自分が帯びているさまざまな特徴の一つとなります。それに対し、肌の色を指す「黒」を、イニシャルを大文字にして書く名詞「黒人」の意味に解して自分に適用し、「わたしは黒人（女性）です」と言うことはできません。そんなことをすれば、わたしという個人が、肌の色で定義される特定の人種グループにまるごと帰属させられ、その中で固められ、閉じられてしまいますから》

このきっぱりとした態度表明から明らかなように、本作品のタイトルを成す「『黒人』は存在しない」というフレーズは、肌の色の黒い人が存在しないと強弁しているのではありません。そうではなくて、「黒人」というものはない、「黒人」という名詞で定義できる――括れる――人間はいないと言っているのです。

つまり、タニア・ド・モンテーニュによれば、彼女のような肌の色の人びとを集合的に指示するカテゴリーにすぎないはずの「黒人」を特定の実質や本質のように捉え、個人のアイデンティティをそこに「釘付け」する人間観は、善意で主張されていても、悪意で主張されていても、究極的には等しくレイシズムにほかならないわけです。ですから、いうまでもなく、「『黒人』は存在しない」というフレーズには、「『白人』は存在しない」も、「『黄色人』は存在しない」も、「『褐色人』は存在しない」も含意されています。

タニア・ド・モンテーニュがしばしば口にする言葉のうちに、「レイシズムは肌の色の問題じゃない。言語活動の問題よ」というものがあることを付け加えておきます。

タニア・ド・モンテーニュは、マルチな才能とフランクな人柄ゆえに、しばしば招かれて

7 ジェラール・ミレールによるインタビュー。ネットメディア Le Média が放送した。
https://getpocket.com/read/29bd7pa2T0l39gbs19Ab01atf7gWT563b40o45gdrqdgnnvc2d7cHiWon86f
pb19_5ecb2f52470f3b9b097d141711f0a63

小学校を訪れ、子供たちと交流しています。そのことを前提に、ごく最近、女性誌『エル』フランス版の記者が彼女に、今の社会状況を踏まえて、肌の色の黒い十三歳の女の子にはどんなメッセージを贈りたいですかと訊ねました。タニアの答えを嚙み砕いてご紹介します。

《二つのことを伝えたいと思います。まず、あなたは最近流行の「多様性」や、「白人以外」ということによって定義される存在ではないわよ、と言いたい。他方で、あなたの肌の色は黒いよね、と事実確認したい。その事実であなたが何者であるかが決まるわけではまったくないけれども、それでもその点はハッキリさせておいたほうがいい。とにかく、物事のこの二つの端っこを、両方ともしっかりと摑んで離さないことが大事。あなたは個人としてほかの人たちとは違う、そしてそれでいて、みんなと同じなの、つまり多重的なのよ、と》8

このメッセージの根底にあるのは、抽象的には、客観的な差異や特殊性の事実認識と、人間——理性的存在者（カント）——の主観が抱く同一性や普遍性の要請をどう組み合わせるかという問題の意識でしょう。

この問題意識は、『「黒人」は存在しない。』のテクスト全体を貫通していますが、とりわけ、国粋主義と共同体主義の対立を二種類のアイデンティティ・ポリティクスの対立と見た上で、両者の同質性を指摘するタニア・ド・モンテーニュの見地を支えています。国粋主義が他者の持つ差異――たとえば肌の色の差異――を許容しないアイデンティティ・ポリティクスであるとすれば、しばしば「『黒人』フレンドリー」に振る舞う共同体主義は、主にエスニック・グループごとの差異を絶対化するアイデンティティ・ポリティクスであり、反普遍主義的な人間観の帰結である点において実は両者は同根だというわけです。

タニア・ド・モンテーニュは、アイデンティティの釘付けを拒否する見地に立って、「共同体主義者たちと国粋主義者たちは『人種』という概念の罠に落ちていて、〔肌の色の黒い〕わたしたちはその巻き添えになっているのだ」（本書一六六頁）と喝破しています。

このように、『「黒人」は存在しない。――アイデンティティの釘付けについて』はわれわれの時代の文明的課題に鋭く関与していますが、それでいて、けっして堅苦しくなく、硬くもなく、まして大仰ではまったくなく、屈託なく笑うことの多いタニア・ド・モンテーニュの人柄を反映して、とても気さくでユーモラスな調子のエッセイです。フランスではおおむね好感をもって迎えられ、二〇一八年のライシテ賞[9]に選ばれ、たびたび劇場の舞台で朗読されたり、演じられたりしたようです。

8 https://www.elle.fr/Societe/News/Tania-de-Montaigne-Avec-la-mort-de-George-Floyd-un-espace-s-est-ouvert-3869312

最後に、本書の翻訳の「持ち込み」を受け入れ、丁寧に編集してくださった中央公論新社ノンフィクション編集部の石川由美子さんに、厚く御礼申し上げます。

二〇二四年九月吉日

堀 茂樹

9

「ライシテ」は、フランス共和国における社会統合と共生の根幹を成す原則で、信教の自由と政教分離を骨子としている。「世俗性」と和訳されることが多い。

著者

タニア・ド・モンテーニュ

Tania de Montaigne

1971年フランス・パリ生まれの作家、ジャーナリスト、俳優、歌手。2018年、本書に収録した『「黒人」は存在しない。――アイデンティティの釘付けについて』を出版し、ライシテ賞を受賞、演劇化もされ、「L' Assignation」という演目でフランス全国ツアーを行う。また、同作がドキュメンタリー映画「Sale race」としても映像化され、23年5月にフランス全国で放送された。15年、本書に収録したノンフィクションの伝記『黒人女性――クローデット・コルヴィンの知られざる人生』を発表し、シモーヌ・ヴェイユ文学賞を受賞。パリのロン・ポワン劇場をはじめ、フランス語圏の大劇場でたびたび舞台化され好評を博した。漫画版は多言語に翻訳されている。23年、2人の映画監督と共にAR（拡張現実）展示『黒人女性』を制作し、ポンピドゥー・センターで初公開され、トライベッカ映画祭など多くの国際フェスティバルに選出。24年、カンヌ映画祭で「最優秀没入体験賞」を受賞。

訳者

堀 茂樹

ほり しげき

慶応義塾大学名誉教授、フランス文学者、翻訳家。主な訳書にアゴタ・クリストフ『悪童日記』『ふたりの証拠』『第三の嘘』をはじめ、アニー・エルノー『シンプルな情熱』『ある女』、ヴォルテール『カンディード』、エマニュエル・トッド『我々はどこから来て、今どこにいるのか?』、カロリーヌ・フレスト『「傷つきました」戦争――超過敏世代のデスロード』などがある。

装幀　北村陽香

「黒人《こくじん》」は存在《そんざい》しない。
――アイデンティティの釘付《くぎづ》けについて

2024年12月10日　初版発行

著　者　タニア・ド・モンテーニュ
訳　者　堀《ほり》　茂《しげ》　樹《き》
発行者　安 部　順 一
発行所　中央公論新社
〒100-8152　東京都千代田区大手町1-7-1
電話　販売　03-5299-1730　編集　03-5299-1740
URL https://www.chuko.co.jp/

ＤＴＰ　嵐下英治
印　刷　ＴＯＰＰＡＮクロレ
製　本　大口製本印刷

Published by CHUOKORON-SHINSHA, INC.
Printed in Japan　ISBN978-4-12-005862-2 C0036